prof Wagner

Der gegenwärtige Lautbestand des Schwäbischen

in der Mundart von Reutlingen

prof Wagner

Der gegenwärtige Lautbestand des Schwäbischen
in der Mundart von Reutlingen

ISBN/EAN: 9783743421455

Hergestellt in Europa, USA, Kanada, Australien, Japan

Cover: Foto ©ninafisch / pixelio.de

Manufactured and distributed by brebook publishing software
(www.brebook.com)

prof Wagner

Der gegenwärtige Lautbestand des Schwäbischen

Einleitung.

Es ist eine erfreuliche Thatsache, dass in neuerer Zeit im Sprachunterrichte dem Laut gegenüber dem Buchstaben, der gesprochenen Lautgruppe und der lebendigen Rede gegenüber dem geschriebenen Wort und dem geschriebenen Satz mehr Beachtung geschenkt wird, als dies seither der Fall war. Soll jedoch die lautliche Ausbildung der Schüler eine erfolgreiche sein, so ist dazu vor allem erforderlich, dass der Sprachlehrer durch eine gründliche phonetische Vorbildung in den Stand gesetzt ist, die Mundart seiner Zöglinge in allen ihren lautphysiologischen Eigentümlichkeiten klar zu erkennen, da der Ausgangspunkt dieses Teils des Sprachunterrichts nicht das einseitige Studium irgend eines phonetischen Systems, sondern die lebendige Mundart sein muss. Abgesehen davon, dass die durch unbewusste Ueberlieferung des mündlichen Verkehrs sich erhaltende Mundart den Lernenden einen tieferen Einblick in das Gesetzmässige der Lautgebung und Lautentwicklung thun lässt, als dies bei irgend einer den verschiedenartigsten Einflüssen unterworfenen Schriftsprache der Fall ist, wird der Schüler rasch zu eigener Beobachtung geführt und befähigt, von den lautlichen Erscheinungen der eigenen Mundart zu solchen von mehr oder weniger verwandten Idiomen überzugehen. Dieser in neuerer Zeit an den Sprachlehrer herantretenden Forderung entsprang vorliegende Arbeit, die demnach auch dem fremdsprachlichen Unterricht dienstbar gemacht werden soll.

Es lässt sich denken, dass die Mundart der früheren Reichsstadt Reutlingen manche Eigentümlichkeiten darbietet. Jahrhunderte lang auf kleinen Raum innerhalb der eng einschliessenden Stadtmauern zusammengedrängt, von Feinden aller Art in der Erhaltung ihrer Reichsunmittelbarkeit bedroht, nur selten fremde Elemente in sich aufnehmend, wenn äussere Verhältnisse, wie Kriege, dazu zwangen, hat die hiesige Bevölkerung bis in die neuere Zeit ihre Eigenart und einen starken Lokalpatriotismus bewahrt, der mit einem gewissen Ahnenstolze alle Fremden als nicht ganz ebenbürtig betrachtet, aber nicht verhindert hat, dass der arbeitstüchtige und erwerbsame Reutlinger jetzt guter Württemberger und Reichsbürger geworden und dem württembergischen Königshause wie dem deutschen Kaiser treu ergeben ist. Hat doch schon im Anfange des Jahrhunderts der einsichtsvolle Reutlinger erkannt, dass die geringen Mittel des kleinen Staatswesens, der kleinliche Partei- und Kastengeist, die jeden Fortschritt von Handel und Gewerbe beengenden Zollschranken der fortschreitenden Kultur unüberwindliche Hindernisse in den Weg legten und dass die Aufnahme der Stadt in ein grösseres Staatswesen sich für dieselbe als grösste Wohlthat erweisen müsse. Die Hoffnung auf allgemeine Besserung der Verhältnisse wurde denn auch in vollem Masse erfüllt und es hat namentlich das segensreiche Wirken Sr. Majestät des Königs Karl wesentlich dazu beigetragen, dass aus der alten Reichsstadt eine der bedeutendsten, durch Handel und Gewerbe blühenden württembergischen Städte geworden ist. Und so feiern auch wir in Reutlingen heuer das 25jährige Regierungsjubiläum unseres in Ehrfurcht geliebten Königs in dankbarer Freude über all das Gute, das unserem guten Württemberg und unserer guten Stadt aus seiner Hand zugeflossen ist. Möge das teure Leben des geliebten Landesvaters noch lange erhalten bleiben zum Heile unseres weiteren und engeren Vaterlandes, zum Gedeihen und Segen der guten Stadt Reutlingen!

Die neue Zeit, der mächtig aufblühende Handel, der rege Verkehr mit andern Städten und Ländern, die allgemeine Wehrpflicht, die mehr und mehr aufkommende Sitte, durch Heirat fremde Elemente aufzunehmen, verwischt allerdings auch bei den hiesigen Bewohnern mehr und mehr die frühere Eigenart, was sich selbstverständlich auch in der Sprache geltend macht. Nach dem heutigen Sprachgebrauche wird wenigstens vom jungen Geschlecht das früher vor Konsonanz nach den meisten langen Vokalen ausfallende uvulare r in der Mehrzahl der betreffenden Wörter — ausgenommen sind nur einige Eigennamen und vielgebrauchte feststehende Redensarten — wieder gesprochen, aus dem alten ƙûds ist ƙürds, aus ʿîš ist ʿîrš geworden; manche Nasalvokale werden mehr und mehr in reine verwandelt: aus lẽɔ̃d, „Leonhard" als Personen- und Flurname, wurde zunächst lẽɔ̃d, dann leɔd, aus dẽɔ̃d, „Zehnte" als Markung und Abgabe, wurde ebenso dæɔd; sogar vor nasalen Konsonanten verschwindet bisweilen die Nasalität der Vokale, statt ɑ̃emɔds „irgendwo" hört man vielfach ɔemɔds; aenr „eher", frdlaenɜ „entlehnen", werden mit reinen Diphthongen gesprochen; für ɔe tritt häufig ae ein, aus ɔedæes wird aedæes, aus ƙɔesr wird ƙaesr etc., ebenso aus åšɔ̃ẽ — åšãẽ, aus liχdɔšdɔ̃ẽ — liχdəšdãẽ; die anlautenden ƥ ƭ q' ƙ suchen den stimmlosen anlautenden Lenes den Platz streitig zu machen, aus bordô „Porto" wird ƥordô, aus durnɜ — ƭurnɜ; auslautendes c (g) wird mehr und mehr zu χ (x); das alte Neutrum dsuɔe verdrängt das Masc. dsuẽ und Fem. dswûɜ; das früher vor r bestehende o wird durch ɔ verdrängt, an Stelle von dorf tritt dɔrf, an Stelle von mord — mɔrd; endlich suchen die erst in jüngerer Zeit aufgenommenen Worte sich der Schriftsprache soviel als möglich anzupassen, man sagt raor „Rohr", aber fœrnrôr, q'i(r)šɔgɔešd, aber ⁿãẽgaešd etc.

Schon aus diesen wenigen Andeutungen, die bei der Behandlung der einzelnen Laute näher ausgeführt werden sollen, dürfte hervorgehen, dass es wünschenswert ist, wenn der Dialekt, wie er bisher bestand, in seinen einzelnen Lautformen fixiert wird; dadurch werden auch manche Worte, die mehr und mehr ausser Gebrauch kommen, für spätere Zeiten bewahrt werden.

Die vielen Fremdwörter der Mundart rühren davon her, dass von der Zeit des dreissigjährigen Kriegs bis herauf zu der der napoleonischen Kriege wiederholt und längere Zeit grössere französische Truppenabteilungen in hiesiger Stadt lagen. Ausserdem soll hier schon darauf aufmerksam gemacht werden, dass der Reutlinger eine ungewöhnlich reiche Phantasie besitzt, die sich in der Sprache in einer Menge von bildlichen Ausdrücken geltend macht; letztere sollen im dritten Teile dieser Abhandlung Berücksichtigung finden.

Vorliegende Arbeit wird 3 Teile umfassen:

A. Analyse der Dialektlaute.

B. Vorkommen derselben im Vergleich zu den mhd. (ahd.) Lauten.

C. Synthese der Dialektlaute.

A. Analyse der Dialektlaute.

Die Reutlinger M. (= Mundart) besteht aus folgenden Lauten:

I. Vokale.

1. Reine oder Mundvokale.
   a. Einfache: ī i, ē e, ǣ æ, ɔ, ā a, ū u, ō o, ɔ̄ ɔ, ǖ ü ö (letztere 3 nur in wenigen Ausdrücken).
   b. Diphthongische Verbindungen: ɔi, ɔu, ɔü (nur in einem Wort), ae, ao, ui, oe; iɔ, eɔ, æɔ, uɔ, ɔɔ; hiezu kommen die mit den Halbvokalen ⁱ (für j) und ᵘ (für w) + reinem Vokal gebildeten diphthongischen Verbindungen.
2. Nasalvokale.
   a. Einfache: ẽ ẽ, æ̃, ɔ̃, ã ã, õ ɔ̃.
   b. Diphthongische Verbindungen: ãẽ, ãɔ̃, ɔ̃ẽ; ẽɔ̃, æ̃ɔ̃, ɔ̃ɔ̃; auch hiezu treten mit unsilbischem ⁱ und ᵘ + Nasalvokal gebildete diphthongische Verbindungen.

II. Konsonanten.

1. Verschlusslaute.
   a. Stimmlose Lenes: b, d, c (palatales g), g (gutturales g).
   b. Aspirierte Fortes: p̔, t̔, q̔ (palatales asp. k), k̔ (gutturales asp. k)
2. Reibelaute. f (stimmlos), w (stimmhaft, nur vor ū u, sonst tritt halbvokalisches ᵘ dafür ein), s (stimmlos), ś (stimmloses sch), χ (stimmloser Palatal-ch-Laut), j (stimmhafter ich-Laut, nur vor i, sonst tritt unsilbisches ⁱ dafür ein), x (stimmloser Guttural-ch-Laut), ʽ (h, stimmlose Kehlkopfspirans).
3. Sonorlaute.
   a. Nasale: m, n, ɳ (palatales ng), ŋ (gutturales ng).
   b. l-Laut: l.
   c. r-Laute: R (alveolares r, äusserst selten), r (uvulares r).

I. Vokale.

§ 1. Anordnung derselben nach Artikulationsreihen.

Das relativ vollkommenste aller bisher aufgestellten Vokalsysteme ist das Bell-Sweet-Sievers'sche. Auch für die Schule ist es das brauchbarste; der Schüler ist durch dasselbe jederzeit befähigt, die von ihm hervorgebrachten Laute genau zu kontrollieren, und sogar die vielfach angefochtenen Begriffe von „narrow" und „wide" werden von demselben rasch erfasst. Das System berücksichtigt zunächst die horizontalen und vertikalen Zungenstellungen. Wird die Zunge aus der Indifferenzlage nach vorn geschoben und artikuliert der Vorderteil der Zunge gegen den harten Gaumen, so entstehen vordere (palatale), wird sie zurückgezogen und artikuliert die Hinterzunge gegen den weichen Gaumen, so erhält man hintere (gutturale), nimmt die Zunge endlich eine mittlere Stellung ein, so werden gemischte (palatal-gutturale) Vokale erzeugt. Die M. zeigt nur vordere und hintere Vokale, die gemischten fehlen. Je nach der grösseren oder geringeren Entfernung des artikulierenden Teils der Zunge vom harten oder weichen Gaumen sind die Vokale hohe, mittlere oder niedrige. Mit der geringeren oder grösseren Hebung der Zunge steht gewöhnlich die Grösse des Kieferwinkels, die Entfernung der Zahnreihen von einander, im Einklang. Dieser Kieferwinkel ist für die M.

insofern von Bedeutung, als die a-Laute, die in derselben entschieden hintere Laute sind, einen um einen Grad grösseren Kieferwinkel zeigen, als alle andern Vokale. Die Hinterzunge nimmt nämlich bei der Erzeugung der a-Laute dieselbe Stellung ein wie bei ɔ̄ ɔ, allein der Kieferwinkel zeigt 4. Grad, die Vorderzunge senkt sich dem entsprechend nach unten und die Lippen sind selbstverständlich ungerundet. Das Verhältnis der 4 Grade des Kieferwinkels, also von ī : ê : æ : à ist annähernd 1 : 2 : 3 : 5. Es muss weiter noch bemerkt werden, dass die Artikulationsstellen der vorderen Vokalreihe in Folge grösserer Kiefer- und Zungensenkung je ein wenig weiter nach hinten rücken, so dass die i-, e- und æ-Artikulation nicht genau eine Senkrechte bilden.

Alle die so gewonnenen Vokale können dann wieder eng (geschlossen), oder weit (offen) sein. Bei der Bildung der engen Vokale sind die Muskeln des artikulierenden Zungenteils straff gespannt, wodurch derselbe sich mehr nach oben wölbt und den Ausflusskanal verengert; bei der Erzeugung von weiten Vokalen sind die Muskeln des artikulierenden Zungenteils schlaffer, wodurch die Vokalenge ein wenig erweitert wird. In der M. sind die langen Vokale eng, die kurzen weit. Weiter wirkt auch die Artikulation der Lippen bei der Bildung der Vokale mit. Bei den ungerundeten Vokalen zeigt die Lippenöffnung eine je nach dem Kieferwinkel mehr oder weniger enge Spalte, bei den gerundeten eine durch Annäherung der Mundwinkel mehr oder weniger gerundete Ausflussöffnung; überdies stülpen die Lippen sich bei den gerundeten Vokalen gewöhnlich nach vorn, bei den Lauten der M. allerdings in geringem Grade. Endlich hat man reine Vokale und Nasalvokale zu unterscheiden. Bei den ersteren drückt sich das Gaumensegel an die hintere Rachenwand, während dasselbe sich bei den letzteren von der Rachenwand mehr oder weniger abhebt, wodurch der Lautstrom nicht nur durch den Mundkanal, sondern auch durch den Nasenraum getrieben wird.

§ 2. Quantitätsverhältnis der langen zu den kurzen Vokalen.

Um dasselbe objektiv festzustellen, bedient man sich des Grützner-Marey'schen Apparats. Die zu untersuchende Lautgruppe wird in einen Glastrichter gesprochen, der in seiner Grösse dem Munde des Sprechenden so angepasst ist, dass nicht viel von der Intensität des Lautstromes verloren geht. An den Glastrichter schliesst sich ein Gummischlauch an, der zu einer mit einer dünnen Gummimembran überspannten Kapsel führt. Diese Kapsel kann an einem Gestelle je nach Bedürfnis höher oder tiefer geschraubt werden. In der Mitte der Gummimembran befindet sich ein dünnes Metallblättchen und auf demselben ruht ein feines Bügelchen, das mit einem einarmigen Hebelstifte so in Verbindung steht, dass der Drehpunkt des Hebels hinter dem Verbindungspunkt mit dem Bügelchen liegt. Wird nun durch den Schlauch Luft in die Kapsel geführt, so hebt sich die Gummimembran und damit auch das Bügelchen und der Stift; selbstverständlich wird diese Bewegung eine um so kräftigere, je stärker der in die Kapsel getriebene Luftstrom ist. Die Länge des Schreibstifts übertrifft die Entfernung vom Drehpunkt zum Angriffspunkt um's 25fache, wodurch auch die geringste Bewegung der Gummimembran sichtbar wird. Der Hebelstift trägt an seinem äussersten Ende ein feines Häkchen und dieses Häkchen läuft nun über eine mittelst eines Uhrwerks in gleichmässige Bewegung zu setzende und mit einem berussten Papierstreifen überspannte Trommel. Man spricht einzelne Laute oder Lautgruppen in den Trichter und erhält dann auf dem berussten Papierstreifen Lautkurven, wie solche am Schlusse dieser Abhandlung dargestellt sind. Es sei noch bemerkt, dass die Kurven durch eine Mischung von starkem Spiritus und weissem Schellack fixiert werden.

Misst man an den 6 ersten Kurven die Entfernung der aufsteigenden Aeste der Explosivlaute, zwischen welchen die reinen Vokale liegen, so findet man fast überall für die langen Vokale 12 mm, für die kurzen 8 mm; es verhält sich demnach die Quantität der langen Vokale zu der der kurzen wie 3:2. Die Kurven 7 und 8 zeigen lange und kurze Nasalvokale zwischen nasalen Konsonanten, Kurve 9 ã̂ und ã zwischen m und s, Kurve 10 ã̂ und ã zwischen m und g. Man erhält diese Kurven dadurch, dass man den Gummischlauch unmittelbar in das eine Nasenloch einführt, das andere Nasenloch zuhält und dann die Lautgruppen spricht. Die Entfernung vom höchsten Punkte der Kurve des Anfangskonsonanten zum aufsteigenden Aste des Endkonsonanten beträgt bei langen nasalen Vokalen 9--10 mm, bei den kurzen Nasalvokalen nur 5 mm. Sieht man davon ab, dass in der Aussprache immer kleine Schwankungen in Beziehung auf die Quantität vorkommen werden, so scheinen die nasalen Konsonanten an Quantität das zu gewinnen, was die Vokale verlieren. Diesen Eindruck bekommt man namentlich, wenn man die Kurve des nasalen Endkonsonanten nach kurzen Vokalen betrachtet.

§ 3. Reine Vokale.

1. Ungerundete.

a. Vordere (palatale).

î (langes, zugleich enges i).

î ist ein hoher Laut. Kieferwinkel 1. Grad. Der hinterste Teil der Vorderzunge nähert sich dem mittleren Teile des harten Gaumens, die Seitenränder der verbreiterten Mittelzunge pressen sich an die beiden oberen Eckzähne und die hinter denselben liegenden Prämolaren, teilweise an das Zahnfleisch derselben. Das Zungenblatt senkt sich unter stumpfem Winkel nach unten, so dass der vordere Zungensaum sich verbreitert hinter die Vorderzähne legt und wenig konkav wird. Die Mundwinkel werden nur wenig zurückgezogen, die Lippen bilden eine in der Mitte sich wenig erweiternde Spalte.

i (kurzes, zugleich weites i).

Artikulation wie bei î, nur sind die artikulierenden Zungenteile schlaff, die Annäherung derselben an den harten Gaumen ist deshalb eine geringere, die Seitenränder der Mittelzunge pressen sich nicht an, sondern legen sich nur leicht an die obern Eckzähne und Prämolaren, der vordere Zungensaum legt sich breit und leicht hinter die untern Vorderzähne. Die Lippen treten in eine schmale Spalte auseinander, die Mundwinkel bleiben fast in Ruhe.

ê (langes, zugleich enges e).

ê ist ein mittlerer Laut. Kieferwinkel 2. Grad wie bei ô. Die Artikulationsenge liegt ein wenig hinter der von î i. Der vordere Zungenrand bleibt hinter den untern Vorderzähnen liegen; die Zunge senkt sich von î aus mit dem Unterkiefer, so dass die verbreiterte Mittelzunge nicht mehr gegen die Eckzähne presst und auch gegen die Prämolaren schwächer drückt, als bei î. Die Mundwinkel treten wenig auseinander.

e (kurzes, zugleich weites e).

Der artikulierende Zungenteil ist schlaff, in Folge davon geht die Zunge von ê aus wenig nach unten und hinten, der vordere Zungenrand berührt die untern Schneidezähne kaum noch.

æ̂ (langes, zugleich enges ä).

æ̂ ist ein niedriger Laut. Kieferwinkel 3. Grad wie bei ɔ̂, das Verhältnis der Senkung von ê zu æ̂ etwa dasselbe wie von î zu ê. Der vordere Zungensaum tritt von den untern Vorderzähnen zurück, die Seitenränder der hintern Mittelzunge legen sich an den hintern Prämolaren und die ersten Molaren, so dass die Hauptspannung der Zunge zwischen den beiden ersten Molaren stattfindet.

æ (kurzes, zugleich weites ä).

Kieferwinkel und Zungenstellung wie bei æ̂, nur sind die Zungenmuskeln schlaff, so dass die Zungenränder sich seitlich nicht mehr fest an die Backenzähne legen, sondern dieselben ganz leicht berühren.

b. Hintere (gutturale).

ɔ (kommt nur in unbetonter Silbe vor, stets weit).

Kieferwinkel 2. Grad. Stellung des artikulierenden Zungenteils dem entsprechend eine mittlere. Der vordere Zungensaum tritt von den untern Vorderzähnen zurück, die Vorderzunge bleibt zwischen den untern Backenzähnen liegen, während die Mittelzunge nach oben steigt, so dass der vordere Teil der Hinterzunge gegen den weichen Gaumen die Lautenge bildet. Die Muskeln des artikulierenden Zungenteils sind schlaff.

â (langes, zugleich enges a).

Kieferwinkel 4. Grad. Das Verhältnis der 4 Stufen des Kieferwinkels von î : ê : æ̂ : â etwa wie 1 : 2 : 3 : 5. Stellung der artikulierenden Hinterzunge dem entsprechend eine niedrige. Der vordere Zungensaum tritt von den untern Vorderzähnen zurück, die Vorderzunge wölbt sich ein wenig nach unten, während die Mittelzunge sich erhebt, so dass der vordere Teil der Hinterzunge am höchsten steht. Die Seitenränder der Mittelzunge legen sich an die Innenseite der untern Zahnreihe und treten nach hinten über dieselbe heraus. Die Artikulation ist häufig eine unsymmetrische, indem die eine Zungenhälfte höher steht, als die andere. Von ɔ̂ aus erhält man â, indem die Hinterzunge ihre Stellung behält, die Vorderzunge sich jedoch mit dem Kiefer um eine Stufe senkt und die Rundung der Lippen aufgegeben wird.

a (kurzes, zugleich weites a).

Kieferwinkel 4. Grad, bisweilen unbedeutend geringer als bei â. Artikulation wie bei â, nur Zungenmuskeln schlaff.

2. Gerundete.

a. Vordere (palatale).

Diese Laute sind der M. eigentlich fremd, indem für û ü stets î i, für ô ö stets ê e eintritt. Sie kommen jedoch in wenigen Fuhrmannsausdrücken vor und sollen deshalb nicht ganz unberücksichtigt bleiben.

û (langes, zugleich enges ü).

Kieferwinkel 2. Grad, Stellung der artikulierenden Vorderzunge demnach eine mittlere, wie bei ê (nicht wie bei î!). Die Lippen stülpen sich nach vorn, die Oeffnung derselben ist ein wenig grösser als bei û. Da der Laut in den betreffenden Ausdrücken meist über das gewöhnliche Mass gedehnt wird, sind die Zungenmuskeln stark gespannt.

ü (kurzes, zugleich weites ü).

Artikulation wie bei û, nur Zungenmuskeln schlaffer, weshalb der Laut als weit angenommen wird.

ô (langes, zugleich enges ö).

Kieferwinkel 3. Grad, Stellung der Zunge eine niedrige wie bei æ̂ (nicht wie bei ê!). Die Mundwinkel nähern sich, die Lippen stülpen sich nach vorn. Das kurze ö kommt nicht vor.

b. Hintere (palatale).

û (langes, zugleich enges u).

Kieferwinkel 1. Grad, doch wenig grösser als bei î. Der vordere Zungensaum tritt von den Vorderzähnen zurück, die Hinterzunge hebt sich kräftig gegen den weichen Gaumen. Die Mundwinkel treten sich näher, Ober- und Unterlippe schieben sich wenig nach vorn und berühren sich von den Mundwinkeln an nach innen, doch so, dass die Ausflussöffnung der Breite nach grösser ist als der Höhe nach. Die Zungenmuskeln ziehen sich seitlich in sich zusammen, so dass der Zungenkörper geschmälert und verdickt erscheint.

u (kurzes, zugleich weites u).

Artikulation wie bei û, nur Zungenmuskeln schlaffer.

ô (langes, zugleich enges o).

Kieferwinkel 2. Grad, wenig grösser als bei ê. Der Vorderrand der Zunge tritt von den Unterzähnen zurück, die Zungenmuskeln bleiben seitlich in sich zusammengezogen. Ober- und Unterlippe sind unbedeutend nach vorn gestülpt, der seitliche Abstand der Mundwinkel wird wenig geringer als bei û, Ober- und Unterlippe berühren sich gegen die Mundwinkel hin, doch auf eine kürzere Strecke als bei û, auch ist die Höhe der Lippenöffnung grösser als bei û.

o (kurzes, zugleich weites o).

Artikulation wie bei o, nur Hinterzunge schlaffer.

ɔ̂ (langes, zugleich enges ɔ).

Kieferwinkel wie bei æ̂ 3. Grad. Der vordere Zungensaum bleibt von den untern Vorderzähnen zurückgezogen. Die Lippen treten wenig nach vorn, Ober- und Unterlippe berühren sich nach den Mundwinkeln hin auf eine noch geringere Strecke als bei o. Die Höhe der Lippenöffnung ist noch grösser als bei ô, doch beträgt dieselbe nur etwa die Hälfte der Länge der Oeffnung.

ɔ (kurzes, zugleich weites ɔ).

Artikulation wie bei ɔ̂, nur Zungenmuskeln schlaffer.

§ 4. Nasalvokale.

Hebt sich das Gaumensegel von der hintern Rachenwand ab, so streicht der Lautstrom nicht nur durch den Mund, sondern auch durch die Nase, wodurch die Tonfarbe der Vokale wesentlich verändert wird. Von den hohen Vokalen erscheint keiner nasaliert, die starke Zungenhebung trägt offenbar dazu bei, dass das Gaumensegel sich fester an die hintere Rachenwand anlegt. Eine Eigentümlichkeit der Nasalvokale ist das, dass bei der Erzeugung selbst langer Vokale eine kaum bemerkbare Spannung im artikulierenden Zungenteil wahrgenommen wird, die sich allerdings zu halbweit steigert, wenn der Laut aussergewöhnlich lang ausgehalten wird. Es dürfte also gerechtfertigt erscheinen, wenn die nasalen Vokale alle unter „weit“ untergebracht werden. Die M. zeigt folgende Nasalvokale:

ê ẽ, æ̃, ɔ̃, â ã, ô õ.

Dabei ist zu bemerken, dass der Kieferwinkel bei â ã den 3. Grad zeigt und derselbe ist wie bei æ̂ æ, also um einen Grad geringer als bei â a. Die Stellung der Hinterzunge jedoch bleibt dieselbe wie bei â a, der vordere Zungensaum tritt von den untern Vorderzähnen zurück, die Vorderzunge senkt sich wenig nach unten, so dass sie ganz zwischen den untern Zähnen liegt, die Mittelzunge steigt nach oben, so dass der vordere Teil der Hinterzunge am höchsten steht und die Vokalenge bildet. Bei ɔ́ und ɔ̃ ist die Lippenöffnung unbedeutend kleiner als bei ɔ̂ o.

Der Grad der Nasalität ist bei ɔ̃ und unbetontem ẽ ein geringerer als bei den übrigen Vokalen; die Nasalität geht diesen Lauten ganz verloren, wenn nicht unmittelbar eine Pause oder ein nasaler Konsonant folgt; bei noch so kurzer Pause wird sie allerdings beibehalten. Auch bei manchen reinen Vokalen ist die Gaumenklappe nie fest geschlossen. Dies scheint namentlich bei Vokalen mit grossem Kieferwinkel der Fall zu sein. Beweis dafür dürfte die Nasalkurve 25 für mad bilden. Nach der m-Kurve folgt eine leichte Hebung für a, dann Senkung für d, da der Luftstrom im vorderen Teil des Mundes vor dem d-Verschluss gespannt ist und dann ganz durch den Mund entweicht. Bei langen Vokalen wie in Kurve 9 für màs wird dies weniger sichtbar, weil die Stärke des Luftstroms hier eine ziemlich geringere ist.

§ 5. Halbvokale.

Man bezeichnet mit Halbvokal gewöhnlich den unsilbischen ersten Componenten eines steigenden Diphthongen (s. § 6). Die M. besitzt deren zwei, und zwar die für j und w eintretenden i̯ und u̯.

§ 6. Diphthongen.

I. Allgemeines.

Unter einem Diphthongen versteht man eine mit einem Ausatmungsstoss hervorgebrachte einsilbische Verbindung zweier einfacher Vokale. In der Terminologie der älteren Grammatik gehörte zum Begriff eines Diphthongen, dass der erste Component stärker accentuiert ist als der zweite. Da die M. jedoch in Folge des Umstandes, dass für j resp. w unsilbisches i resp. u eintritt, auch Diphthongen mit betontem zweitem Componenten besitzt, so müssen wir jede einsilbische Verbindung zweier Vokale als Diphthong bezeichnen und fallende und steigende Diphthongen unterscheiden. Bei jenen steht der accentuierte Vokal voran, bei diesen beginnt der unsilbische Vokal die Lautverbindung. Sodann sind reine und nasale Diphthongen zu unterscheiden und bei beiden Klassen diejenigen Diphthongen, deren zweiter Component ɔ oder ɔ̃ ist, wieder als Unterabteilung von den übrigen zu trennen. Wir erhalten hienach folgende Einteilung:

A. Fallende Diphthongen.

1. Reine.

   a. ɔi, ɔu, ɔü (nur in einem Worte vorkommend), ae, ao, ui, ɔe.

   b. iɔ, eɔ, æɔ, uɔ, ɔɔ.

2. Nasale.

   a. ãẽ, ãɔ̃, ɔ̃ẽ.

   b. ẽɔ̃, æ̃ɔ̃, ɔ̃ɔ̃.

B. Steigende Diphthongen. Hiezu gehören alle Verbindungen der für j und w eintretenden halbvokalischen i und u mit einem accentuierten zweiten Vokal.

Die Diphthongen, die als zweiten Componenten ɔ oder ɔ̃ haben, sind von den übrigen aus folgenden Gründen zu trennen:

1. Misst man bei den Lautkurven 11—18 die Entfernung des höchsten Punkts der Kurve der Anfangskonsonanten und des aufsteigenden Astes des Endkonsonanten, zwischen welchen die Diphthongen ɔi, ɔu, ae (auch ao gehört hieher), ui, ɔe liegen, so beträgt dieselbe meist 12 mm, bisweilen 11 und 10 mm. Die Summe der Quantitäten beider Consonanten ist also hier in den meisten Fällen gleich der eines langen Vokals. Die Quantität der Diphthongen

iɔ, eɔ, æɔ, uɔ, ɔɔ ist meist etwas geringer, die Entfernung beträgt hier meist 10, 9.5, 9 oder 8.5 mm. Bei Kurve 19 des nasalen Diphthongen ãẽ beträgt die betreffende Entfernung allerdings nur 9 und 8.5 mm, bei æ̃ɔ̃ aber wieder weniger, nämlich 8 und 7 mm; ebenso findet man für ɔ̃ẽ in Kurve 20 eine Entfernung von 8, für ɔ̃ɔ̃ aber eine solche von nur 6.5 mm. Die relativ geringere Quantität der nasalen Diphthongen kann wieder daraus erklärt werden, dass die einschliessenden nasalen Konsonanten an Quantität das gewinnen, was den Vokallauten abgeht Es scheint aber aus obigem hervorzugehen, dass die Quantität der ersten Reihe von Diphthongen die der zweiten im allgemeinen übertrifft, wenn auch nur um ein Geringes.

2. Der Accent liegt bei beiden Reihen auf den ersten Componenten, allein bei ɔi, ɔu, ae, ao, ui, ɔe, ãẽ, ãɔ̃, ɔ̃ẽ überwiegt die Quantität des zweiten Componenten die des ersten, während umgekehrt bei iɔ, eɔ, æɔ, uɔ, ẽɔ̃, æ̃ẽ, ɔ̃ẽ der erste Component nicht nur der accentuierte, sondern auch der Quantität nach der bedeutendere ist.

3. Bei den Diphthongen ɔi, ɔu, ae, ao, ui, ɔe, ãẽ, ãɔ̃, ɔ̃ẽ kann der zweite Component ziemlich lange ausgehalten werden, ohne dass der Lautmasse dadurch der diphthongische Charakter verloren geht. Wird dagegen der zweite Component der Reihe iɔ, eɔ, æɔ etc. ausgehalten, so geht in der M. der diphthongische Charakter verloren, es werden zwei getrennte Vokale, z. B. langes æ und ɔ hörbar. Ueberdies wird das ɔ der reinen Diphthongen nach einem bei ɔ näher zu besprechenden Gesetze, wonach aus ɔ ein ɔ̃ wird, nasal, aus iɔ wird i-ɔ̃. Dies tritt deutlich hervor, wenn die Diphthongen iɔ, uɔ etc. im Auslaute vor einer Pause stehen. Man spricht: ibẽ'iɔgæ̃ɔ „ich bin hier gewesen", aber: bisdao'i-ɔ̃? „bist du auch hier?"; isduirkuɔfæd; „ist eure Kuh fett?", aber: dɛ̃sdɔgraosɔkũ-ɔ̃ „das ist eine grosse Kuh"; ɔbẽ dɔbɔgᵘæɔsɔi? „ob ich droben gewesen sei?", aber: ibẽdɔbɔgᵘæ-ɔ̃ „ich bin droben gewesen".

Eine Erklärung können obige Eigentümlichkeiten dadurch finden, dass die Diphthongen ɔi, ɔu etc. eigentlich 3teilige, die der andern Reihe (iɔ etc.) dagegen 2teilige sind. Bei ɔi verharrt die Zunge eine bestimmte Zeit in der ɔ-Stellung, dann durchläuft sie sämtliche Gleitelaute von ɔ zu i und schliesslich verharrt sie wieder eine bestimmte Zeit in der i-Stellung. Da ɔ ein hinterer mittlerer, i ein vorderer hoher Vokal ist, kann der Vorgang folgendermassen dargestellt werden:

Die Verschiebung der Zunge von ɔ zu i ist in der M. eine ziemlich langsame, das Ohr aber fasst diese Gleitelaute, da dieselben dem i immer näher kommen, schon als mehr oder weniger gesenkte i-Laute auf, woraus die grössere Quantität des 2. Componenten sich erklären dürfte. Die Quantität der drei einzelnen Teile objektiv festzustellen, ist bis jetzt noch nicht gelungen, vielfache Beobachtungen der Artikulationen haben jedoch Obiges bestätigt.

Bei iɔ etc. in Wörtern wie griɔg verhält sich die Sache bei genauer Untersuchung der Artikulationen anders. Die Zunge verharrt hier zunächst wieder eine bestimmte Zeit in der i-Stellung, dann durchläuft sie sämtliche Gleitelautstellungen von i zu ɔ, in dem Augenblicke jedoch, wo sie die ɔ-Stellung erreicht hat, bricht die Stimme ab und es bildet sich der Verschluss des folgenden Konsonanten. Darstellen lässt sich der Vorgang folgendermassen:

Folgt eine Pause, so setzt ein neuer, wenn auch schwacher Expirationsstoss ein und zugleich hebt sich das Gaumensegel von der hintern Rachenwand ab, so dass aus iɔ ein i-ɔ̃ wird. Folgt auf diese Diphthongen ein nasaler Vokal, so geht der 2. Component ɔ ganz verloren, oder aber verdrängt derselbe — allerdings selten — den folgenden Nasalvokal, man sagt: šüɔ̃nšdrẽmf, seltener šüɔ̃nšdrẽmf „Schuhe und Strümpfe"; grǣɔ̃nblɔ, seltener grǣɔ̃nblɔ (beide mal mit langem ǣ) „grün und blau"; hiɔ̃ndɔ, seltener hiɔ̃ndɔ „hie und da", viẽm „wie ihn", aber viɔdir „wie dir". Vor nasalem Konsonanten erhält sich ein solcher Diphthong unverändert, man spricht niɔmɔls „niemals", šuɔmaxr „Schuhmacher".

Ueber die Spannung der Muskeln der artikulierenden Zungenteile bei den einzelnen Componenten der Diphthongen ist zu bemerken, dass der erste Component stets mit schlaffer Zunge gesprochen wird, während beim zweiten der ɔi-, ɔu- etc. Reihe sich eine ganz geringe Spannung fühlbar macht, so dass derselbe, sofern er namentlich über das gewöhnliche Mass ausgehalten wird, als halbweit bezeichnet werden kann, für gewöhnlich jedoch auch zu den weiten Vokalen gezählt werden muss.

2. Fallende Diphthongen.

a. Fallende Diphthongen, bei welchen der zweite Component den ersten an Quantität übertrifft.

α. Reine.

ɔi.

Beim Uebergang vom 1. zum 2. Componenten schiebt sich die Zunge von hinten nach vorn, zugleich wird der Kieferwinkel um einen Grad kleiner. Erster Teil ɔ, zweiter (eigentlich dritter) Teil dem halbweiten i sich nähernd.

ɔu.

Die Zunge verharrt in zurückgezogener Lage, es tritt aber beim 2. Componenten Lippenrundung ein und die Hinterzunge hebt sich mit dem Unterkiefer um einen Grad. Erster Teil ɔ, zweiter Teil dem halbweiten u sich nähernd.

ɔü.

Die Zunge schiebt sich von der hintern Artikulationsstellung in die vordere, für den 2. Componenten tritt Lippenrundung ein, Kieferwinkel und Zungenhöhe bleiben sich gleich. Erster Teil ɔ, zweiter Teil, der in dem Worte ˈɔüfö meist über das gewöhnliche Mass ausgehalten wird, halbweites ü.

ae.

Beim Uebergang vom 1. zum 2. Componenten bewegt sich die Zunge nach vorn und oben, der Kieferwinkel verringert sich um zwei Grade, so dass die Vorderzunge in mittlere Stellung gelangt, während beim 1. Componenten die Hinterzunge niedrige Stellung inne hatte. Erster Teil a, zweiter halbweitem e sich nähernd.

uo.

Es tritt zunächst Lippenrundung ein, die Hinterzunge rückt dabei von niedriger zu mittlerer Stellung in die Höhe, der Kieferwinkel dagegen wird um 2 Grade geringer. Erster Teil u, zweiter dem halbweiten o sich nähernd.

ui.

Der Kieferwinkel bleibt sich gleich, die Zunge bewegt sich von hinten nach vorn, dabei tritt Entrundung der Lippen ein. Erster Teil u, zweiter dem halbweiten i sich nähernd.

ɔe.

Die Zunge schiebt sich nach vorn und oben, der Kieferwinkel verringert sich um einen Grad, dabei tritt Lippenrundung ein. Erster Teil ɔ, zweiter Teil kommt halbweitem e nahe, doch liegt die Artikulationsstelle wenig weiter nach hinten als bei e, wodurch der Laut einen æ-artigen Charakter erhält. Bei manchen Einheimischen stellt die Vorderzunge auch noch tiefer als bei e, so dass der 2. Component fast halbweites æ ist.

β. Nasale.

ãẽ.

Beim Uebergang vom 1. zum 2. Componenten bewegt sich die Zunge nach vorn und oben, der Kieferwinkel verringert sich um einen Grad. Erster Teil ã, zweiter ẽ.

ãõ.

Die Hinterzunge hebt sich um eine Stufe, ebenso wird der Kieferwinkel um einen Grad kleiner. Die Lippen gehen vom ungerundeten Zustande zur Rundung über. Erster Teil ã, zweiter õ.

õẽ.

Die Zunge schiebt sich horizontal nach vorn, der Kieferwinkel bleibt sich gleich, für den 2. Componenten tritt Lippenrundung ein. Erster Teil õ, zweiter ẽ.

b. Fallende Diphthongen, bei welchen der 2. Component (ə oder ə̃) auch an Quantität hinter dem ersten zurücksteht.

Der erste Component entspricht ganz genau dem unter dem betreffenden Zeichen bei den einfachen Vokalen bestimmten Laut, der zweite ist ə oder ə̃.

α. Reine.

iə, eə, æə, uə, ɔə.

β. Nasale.

ẽə̃, æ̃ə̃, õə̃.

3. *Steigende Diphthongen.*

a. Der erste Component ist unsilbisches i.

j tritt mit Reibegeräuschen, also als eigentlicher Konsonant, nur vor î auf, in allen andern Fällen wird er durch i ersetzt; man erhält dadurch folgende diphthongische Verbindungen:

iê, ie; iæ̂, iæ; iâ, ia; iû, iu; iô, io; iɔ̂, iɔ; iõ̂, iõ.

b. Der erste Component ist unsilbisches u. w mit Reibegeräuschen ist nur vor û u hörbar. Das halbvokalische u ist ein äusserst schwacher Laut, auch ist die Vorstülpung der Lippen eine noch geringere als bei vokalischem u. Wir erhalten dadurch folgende Diphthongen:

uî, ui; uê, ue; uæ̂, uæ; uâ, ua; uô, uo; uɔ̂, uɔ; uẽ̂, uẽ; uã̂, uã; uõ̂, uõ.

Hiezu kommen noch eine Reihe unechter Triphthongen. Unecht sind diese Triphthongen deshalb, weil der Accent stets auf dem zweiten Laute ruht, während eigentliche Triphthongen mit einem silbenbildenden Vokale beginnen müssen. Hiezu gehören die Verbindungen: uəi, uae, uɔe; uiə, uæə, uɔə; uãẽ, uɔ̃ẽ; uãɔ̃.

Vokaltabelle der Mundart.

Ungerundet

	Gutturale eng rein	Gutturale eng nasal	Gutturale weit rein	Gutturale weit nasal	Guttural-palatale eng rein	Guttural-palatale eng nasal	Guttural-palatale weit rein	Guttural-palatale weit nasal	Palatale eng rein	Palatale eng nasal	Palatale weit rein	Palatale weit nasal
Hoch. 1. Grad des Kieferw.									î		i; əi, ui; iə	
Mittel. 2. Grad des Kieferw.			ə; əi, əu, əü (selten); ıə, eə, æə, uə, əə	ɔ̃; ə̃ɔ̃, ı̃ɔ̃, ə̃ɔ̃					ê		e; ue, əe; eə	ẽ, ẽ; ũẽ; ə̃ẽ; ə̃ɔ̃
Niedrig. 3. Grad des Kieferw.				ã, ɔ̃; ãẽ, ãɔ̃					æ̂		æ; aə	æ̃; æ̃ɔ̃
Niedrig. 4. Grad des Kieferw.	â		a; ae, ao									

Gerundet

	Gutturale eng rein	Gutturale eng nasal	Gutturale weit rein	Gutturale weit nasal	Guttural-palatale eng rein	Guttural-palatale eng nasal	Guttural-palatale weit rein	Guttural-palatale weit nasal	Palatale eng rein	Palatale eng nasal	Palatale weit rein	Palatale weit nasal
Hoch. 1. Grad des Kieferw.	û		u; əu; ui; uə									
Mittel. 2. Grad des Kieferw.	ô		o; ao	õ, ɔ̃; ãɔ̃; ɔ̃ẽ; ɔ̃ɔ̃					ö (selten)		ü (selten)	
Niedrig. 3. Grad des Kieferw.	ɔ̂		ɔ; ɔe; ɔə						ö (selten)			
Niedrig. 4. Grad des Kieferw.												

II. Konsonanten.

§ 7. Einteilung derselben.

Je nach der Mitwirkung der einzelnen Sprechorgane bei der Artikulation der verschiedenen Konsonanten unterscheidet man Lippenlaute (bilabiale und labiodentale), Zungengaumenlaute, Velarlaute und die im Kehlkopf gebildeten Faucallaute. Bei der Erzeugung der Zungengaumenlaute sind Zunge und harter und weicher Gaumen beteiligt. Man hat bei denselben verschiedene Unterabteilungen zu machen. Zunächst kann die Artikulationsstelle in der Mitte des Mundes liegen (mediane Artikulation), oder wird die Artikulationsenge zwischen den Seitenrändern der Zunge und der Innenseite der obern Backenzähne hergestellt wie bei den l-Lauten (laterale Artikulation). Die mediane Artikulation kann wieder sein:

1. coronal, wenn der vordere Zungensaum die Enge oder den Verschluss mit dem Gaumen bildet;

2. dorsal, wenn die Artikulation durch den Zungenrücken hergestellt wird, indem derselbe sich dem vorderen Gaumen oder der Hinterwand der Schneidezähne entgegenstellt (z. B. bei mundartlichem s).

Ausserdem hat man folgende Artikulationsgebiete zu unterscheiden:

1. das vordere, bis zur Grenze der Alveolen reichend; hiezu gehören
   a. Laute coronaler Artikulation, und zwar
      α. cerebrale, wenn das Zungenblatt sich nach oben und zurück biegt, die Zungenspitze also am höchsten steht (wie bei mundartl. l),
      β. alveolare, wenn die Zungenspitze sich nicht zurückbiegt und der vordere Zungenrand gegen die Alveolen der Oberzähne artikuliert,
      γ. postdentale, wenn der vordere Zungenrand die Enge oder den Verschluss mit der Hinterfläche der Oberzähne bildet (wie bei mundartl. n),
      δ. interdentale, wenn der Zungensaum zwischen die obere und untere Zahnreihe tritt (bisweilen bei mundartl. n);
   b. Laute dorsaler Artikulation;
2. das mittlere Gebiet, in welches die palatalen Laute gehören, die dadurch gebildet werden, dass der mittlere Zungenrücken mit dem harten Gaumen eine Enge oder einen Verschluss bildet;
3. das hintere Gebiet, in welches die gutturalen Laute gehören, bei deren Bildung Artikulation des hintern Zungenrückens gegen den weichen Gaumen stattfindet.

Was die Velarlaute anbelangt, so entstehen sie durch Artikulation des weichen Gaumens gegen die hintere Rachenwand, sie werden stets erzeugt, wenn auf einen Mundverschlusslaut ein gleichartiger Nasalkonsonant folgt oder umgekehrt, also bei Oeffnung oder Schliessung der Gaumenklappe. In der M. werden jedoch diese Laute nicht hörbar, zunächst weil die Gaumenklappe, wie schon bei den Vokalen bemerkt wurde, überhaupt nicht fest zu schliessen scheint, sodann aber deshalb, weil die Stärke des Luftstroms nach den Explosivlauten in Verbindungen wie eibm! „gieb ihm!", goidm „gibt ihm, 'odn! „hat ihn!", eine zu geringe ist, als dass der Velaröffnungslaut gehört werden könnte, und in Wörtern wie lõmb „Lump", Rõnd „Kunde" die Gaumenklappe sich erst schliesst, wenn m oder n schon gebildet ist. Mit Hilfe unseres Apparates lässt sich letzteres beweisen. Kurve 25 ist eine Nasalkurve, die dadurch hergestellt wurde, dass man den Gummischlauch in das eine Nasenloch einführte, das andere Nasenloch zuhielt und dann abwechslungsweise mãnd und mad sprach. In mãnd hat man zunächst die m-Kurve, es folgt die Senkung für ã, dann steigt die n-Kurve in die Höhe, der aufsteigende Ast wird aber dadurch wesentlich höher, dass der d-Verschluss schon gebildet ist, während die Gaumenklappe noch offen steht, erst mit der Oeffnung des d-Verchlusses fällt die Kurve. Hieraus kann der Schluss gezogen werden, dass nach nasalen Lauten, denen ein Explosivlaut folgt, die Gaumenklappe sich erst mit Oeffnung des Verschlusses des Explosivlautes schliesst. Folgt ein Reibelaut, so dauert die Gaumenklappensenkung während der ganzen Dauer des Fricativlautes fort; letzterer geht aus der Nasalkurve 9 für mås hervor, wo der absteigende Ast der s-Kurve erst da beginnt, wo s überhaupt aufhört. Steht endlich ein reiner Laut zwischen zwei nasalen Lauten, so scheint die Gaumenklappe sich überhaupt nicht zu schliessen. In der Nasalkurve 26 für ẚfãŋə hat f den höchsten Ast, dann folgt die Senkung für ã, unmittelbar darauf der weniger hohe Ast für ŋ und zuletzt die ə-Kurve; würde mit dem Augenblicke, wo ẚ aufhört, die Gaumenklappe sich schliesen, so könnte f nicht den hohen Kurvenast zeigen, es müsste im Gegenteil eine Senkung stattfinden.

Endlich besitzt die Mundart noch den stimmlosen Kehlkopfspiranten ‘ „h“. Derselbe kommt nur vor Vokalen und zwar im Anlaut und nach p t k vor. Da die Artikulationen für diesen Laut stets dieselben sind wie für den folgenden Vokal, so können alle ‘ als stimmlose Vokale angesehen werden. Die Artikulation besteht darin, dass die Stimmbänder eine Enge bilden ohne sich so nahe zu kommen, dass sie zum Tönen erregt werden. Der Laut entsteht sonach durch Reibung des Lautstroms an den Kanten der Stimmbänder.

Der Kehlkopfverschlusslaut, der durch plötzliche Durchbrechung der fest geschlossenen Stimmritze entsteht, ist dem Dialekt fremd.

§ 8. Liquide Laute.

Den Vokalen zunächst stehen auch in der M. die liquiden Laute l und r, sowie die nasalen Konsonanten m und n, da sie häufig die Funktion von Vokalen übernehmen. Wörter wie ibl „übel“, dicr „dicker“, debfrr „schneller“ (das zweite r ist hier vokalisch), s‘odn! „es hat ihn!“ sind zweisilbig, rgəidm „er gibt ihm“ ist dreisilbig und l r n, r und m sind Silbenträger, also eigentlich vokalisch gebraucht.

R (alveolares r).

Dieser Laut ist der M. eigentlich fremd, er wird nur von den einheimischen Schäfern gebraucht und zwar beim Lockruf bRRR! für Schafe, wobei die R-Laute einen mit der Falsettstimme erzeugten i-artigen Laut unterbrechen.

Die Vorderzunge hebt sich, der vordere Zungenrand bildet eine Enge gegen die Alveolen, durch den Lautstrom wird der vordere Zungensaum nach unten geworfen, um sofort wieder vermöge seiner eigenen Elastizität in die Engelage zurückzukehren. Die Zahl der Schwingungen ist eine ziemlich bedeutende, da der Laut meist lang ausgehalten wird. R ist demnach ein coronal-alveolarer Laut.

r (uvulares r).

Ausser dem genannten bRRR! kennt die M. nur uvulares r, das durch Schwingungen des Zäpfchens entsteht. Der Zungenrücken hebt sich gegen den weichen Gaumen, bildet jedoch in der Mitte eine Rinne, in welcher das Zäpfchen frei schwingen kann. Dieses uvulare r ist stets sehr schwach, früher verstummte es vor Konsonanz nach den meisten Vokalen, namentlich nach langen, jetzt ist es bisweilen noch stumm nach den hohen Vokalen u und i, und besonders in Eigennamen wie ƙ̊údsəbàd „Bad, das früher der Familie Kurz gehörte", sèlàbə̀ds̆ „Familienname Bertsch", ů̀s̆ləbærg „Ursulaberg", sowie in einzelnen feststehenden Redensarten wie s̆bidsə̌ndà̀s̆ „Spitz und Arsch, Spiel der Kinder mit Eiern, wobei s̆bids den schmäleren, às̆ den breiteren Teil des Eis bedeutet". Vielfach ist die Rinne, in welcher das Zäpfchen schwingen soll, nicht scharf ausgebildet, wodurch kratzende Geräusche entstehen und das r häufig in die stimmhafte gutturale Spirans übergeht. Das r ist stets stimmhaft, selbst nach stimmlosen Lauten zeigt es keinen stimmlosen Uebergangslaut. Die Zahl der Schwingungen ist eine äusserst geringe. Am schwächsten erscheint r auch heutzutage noch in der Verbindung langer Vokal + r + Konsonanz, wo er besonders häufig in die stimmhafte gutturale Spirans übergeht. Auch im Anlaute und im Inlaute zwischen Vokalen ist r sehr schwach und wird vielfach durch den Reibelaut verdrängt. Etwas stärker erscheint es nach kurzen Vokalen vor Konsonanz, sowie nach kurzen Vokalen im Auslaute; die Zahl der Schwingungen steigt jedoch, wenn r vokalische Funktion übernimmt und silbisch wird in Wörtern wie graesr „grösser", bfarr (in letzterem Worte ist das zweite r Silbenträger).

Lautkurve 21 giebt ein Bild von den Worten burg bur burə; das r ist hier kaum angedeutet. Kurve 22 veranschaulicht die von einem andern Einheimischen gesprochenen Worte bård bar barə. Angedeutet ist r in der ersten bård-Kurve, dagegen sind bei allen bar, namentlich beim 2. und 3., 3 r-Schwingungen zu unterscheiden. Kurve 23 stellt die Worte bur burg burə dar, dieselben wurden absichtlich mit starkem r gesprochen; die bur-Kurve zeigt 5—6 Schwingungen für r, die burg-Kurve 3—4, die burə-Kurve dagegen nur schwache Andeutungen der uvularen Vibrationen. Zugleich bestätigen diese Kurven der mit absichtlich starkem r gesprochenen Worte einen schon bei der Quantität der Nasalvokale in engerer Fassung aufgestellten Satz, dass nämlich der auf einen Vokal folgende Sonorlaut an Quantität stets das gewinnt, was dem Vokale selbst an solcher verloren geht. Kurve 24 endlich giebt ein Bild der Worte rå fård, wobei die r wieder absichtlich stark gesprochen wurden. Hier zeigt rå für r 4 Schwingungen, in fård dagegen ist r wieder nur angedeutet.

l.

Die Zungenspitze legt sich hinter die Alveolen, das Zungenblatt biegt sich nach unten, so dass die Bildung eine cerebral-alveolare ist. Die Mittelzunge tritt seitlich von den Backenzähnen zurück, so dass die Luft nach beiden Seiten hin abfliessen kann. Die Muskelspannung ist eine äusserst geringe. Bei manchen Einheimischen drückt sich der rechte Saum des Zungenblattes und der Mittelzunge an die Zähne an, so dass nur eine linke Ausflussöffnung bleibt und die Artikulation eine unsymmetrische ist. Nach c, ɴ, ŋ und ɴ in Wörtern wie icl „Igel", clad „glatt", clɔiχ „gleich", nâcl „Nagel", (der Explosivlaut gehört hier, weil nach langem Vokal stehend, zur 2. Silbe, ist also anlautend), ȇɴl „Engel", ȃŋl „Angel", wird die Artikulation vielfach abgeändert, indem der Laut ein dorsal-alveolarer wird. Die Zungenspitze bleibt dann hinter den Unterzähnen liegen, das Zungenblatt wölbt sich nach oben und bildet den vorderen Verschluss gegen die Alveolen. Nach x in Wörtern wie ƙaxl „Kachel" bleibt die Bildung des l stets eine cerebrale; dies ist meist auch der Fall vor und nach χ in Wörtern wie dᵚilχ „Zwilch", milχ „Milch", miχl „Michel", in welchen also die Zunge von der cerebralen zur dorsalen Artikulation übergeht oder umgekehrt.

§ 9. Nasale Konsonanten.

m.

Der Mundraum wird durch die Lippen abgesperrt, die Zunge bleibt schlaff liegen, der Luftstrom entweicht durch die Nase. Der Laut ist stets stimmhaft, auch vor oder nach stimmlosen Konsonanten wie in: rgɔidm „er giebt ihm“, mseeʃɔ „um 6 Uhr“.

n.

Der Mundraum wird dadurch abgeschlossen, dass die Zungenspitze sich an die Alveolen oder hinter die Oberzähne, in selteneren Fällen auch zwischen die beiden Zahnreihen legt, die Bildung ist also meist eine coronal-alveolare oder postdentale, seltener eine interdentale. Nach anlautendem c (palatalem g) wird n stets zu ɴ (palatalem ng) in Wörtern wie cɴɛɔxd „Knecht“, cɴui „Knie“, cɴâd „Gnade“, vor auslautendem c nach ê in Wörtern wie drêɴcɔ „trinken“ ebenfalls zu ɴ, endlich vor g (gutturalem g) nach hinteren Nasalvokalen zu ŋ, so z. B. in dãŋg „Dank“. In Wortverbindungen wie ficnɔ̂ „flicke nur“, pagnɔ̂ „packe nur“, in welchen der Explosivlaut und der nasale Konsonant verschiedenen Silben angehören, ist die Artikulation der n selbstverständlich eine regelmässige.

ɴ (palatales ng).

Dieser Laut steht nach ê im Auslaute und nach anlautendem c. Die Zungenspitze liegt hinter den untern Vorderzähnen, das Zungenblatt wölbt sich nach oben, die vordere Mittelzunge verbreitert sich und bildet den Verschluss gegen den harten Gaumen, die Lippen bleiben unthätig. Der Verschluss wird von der e-Stellung aus gebildet, indem die vordere Mittelzunge nach oben steigt und sich breit an den harten Gaumen andrückt.

ŋ (gutturales ng).

Der Mundraum wird hier schon am weichen Gaumen durch die Hinterzunge abgeschlossen. Der Laut steht nach ã und ɔ̃ und ist in beiden Fällen ein gleichartiger, indem die Hinterzunge von der ã- und ɔ̃-Stellung nach oben steigt und den Verschluss herstellt.

§ 10. Explosivlaute (Verschlusslaute).

Wird der Mundkanal an einer Stelle vollkommen geschlossen und der Nasenraum durch die Gaumenklappe abgesperrt, so entstehen die Verschluss- oder Explosivlaute. Die M. kennt keinerlei stimmhafte Explosivlaute, sie besitzt nur stimmlose Lenes und aspirierte Fortes, oder, sofern man den Begriff Media auf alle schwachen Verschlusslaute ausdehnt, stimmlose Mediae und aspirierte Tenues (Aspiratae). Die Aspiraten kommen nur im Anlaut vor Vokalen, p̔ und t̔ überdies nur in wenigen Fremdwörtern und Eigennamen vor, wie z. B. in p̔ærmədiel „Perpendikel“, p̔ons „Pause“, p̔aedr „Peter“, p̔aelê „Pauline“, t̔eâdr „Theater“, t̔esdãmẽnd „Testament“, t̔eclâ „Thekla“, t̔édôr „Theodor“. Was das Intensitätsverhältnis dieser Laute anbelangt, so ist dasselbe in den Lautkurven 27—30 veranschaulicht. Zunächst geht aus diesen Kurven hervor, dass die Intensität des Lautstromes bei den anlautenden aspirierten Explosivlauten eine ziemlich grössere ist als bei den stimmlosen Lenes, wenn auch zugegeben werden muss, dass beim Sprechen einer Reihe wie p̔ãg bãg etc. die Intensität für p̔ etc. unwillkürlich sich etwas steigern mag. Im Aus- und Inlaute zeigt die M. nur stimmlose Lenes. Wie aus den Lautkurven 1—6 hervorgeht, ist die bei der Bildung des Verschlusses sich geltend machende Intensität des Luftstromes nach langen Vokalen kaum verschieden von der nach kurzen Vokalen. Es mag dies darin seinen Grund finden, dass alle Artikulationen der M. mit wenig Energie ausgeführt werden und in Folge der verzögerten Bildung der Verschlüsse ein Teil des Lautstromes vergeudet und dem folgenden Konsonanten entzogen wird. In Wirklichkeit gewahrt das Ohr für rāb „Rabe" und rab „Rappe", mundartl. auch Rabo, das also rūb und rab gesprochen wird, keinerlei Unterschied in der Lautstärke des b. Im Inlaute ist es ebenso, die M lässt für g in sāgə „sagen" und pagə „packen" keine Intensitätsdifferenz für die beiden g erkennen. Dasselbe ist bei den Reibelauten der Fall. Kurve 31 zeigt die Lautbilder für bās „Base", bas „passe" und basə „passen". Das s ist in allen drei Wortkurven nur angedeutet. In bāl „Spielball", bal „Tanzfest" und balə „Kugeln machen" der Kurve 32 können die l-Laute keinen Ausschlag des Schreibstifts bewirken, weil der Abfluss der Luft nach den beiden Seiten hin stattfindet und der Lautstrom sich an den Seiten des Mundraumes bricht. Dass die nasalen Konsonanten den vorausgehenden Nasalvokalen einen Teil ihrer Quantität entziehen, wurde oben schon bemerkt, dagegen scheint die Intensität derselben nach langen und kurzen Vokalen auch nicht wesentlich verschieden zu sein.

b (stimmlose Lenis).

Die Lippen treffen sich senkrecht, ohne sich nach vorn zu stülpen. Die Zungenstellung ändert sich je nach dem folgenden oder vorangehenden Vokal; in ba nimmt die Zunge schon bei der Verschlussbildung für b die Stellung von a ein, in ab behält dieselbe die a-Stellung bis nach Oeffnung des b-Verschlusses. Steht b vor dem labiodentalen Spiranten f im Silbenanlaut, also in der Affricata (Verbindung von Explosivlaut mit homorganer Spirans) bf, so treffen sich die Lippen auch, die Unterlippe wird jedoch so weit zurückgezogen, dass die Oberzähne auf der innern Schleimhaut derselben aufstehen.

p̔ (aspirierte Fortis).

Die Lippen pressen hier stärker zusammen als bei b, dem Explosivlaut folgt stets der Hauchlaut, reines p kommt nicht vor. p̔ steht nur im Wortanlaute vor Vokalen und fast nur in jung aufgenommenen Wörtern, Fremdwörtern und Eigennamen.

d (stimmlose Lenis).

Der vordere Zungensaum legt sich an die Alveolen oder hinter die Oberzähne, der Laut ist also für gewöhnlich ein coronal-alveolarer oder coronal-postdentaler, doch kommen auch cerebrale d vor. Vor vorderen Vokalen in Wörtern wie dībə „drüben", dēsl „die Esel", dedē „Pate", dæšə „schwatzhafte Weibsperson", dīəə „diesen" bleibt bisweilen die Zungenspitze hinter den Unterzähnen liegen, die Vorderzunge wölbt sich in die Höhe und bildet den Verschluss mit den Alveolen, das d ist also hier ein dorsal-alveolares. Vor s in Wörtern wie dsŏŋ „Zunge", dsā „Zahn", sowie nach c in ied, ced, æcd ist diese Art der Bildung sogar die gewöhnliche, auch wenn d auf s folgt, wie in bisdē „bis du", wird d meist dorsal gebildet, dagegen bleibt vor und nach š die Artikulation des d gewöhnlich eine normale.

t̔ (aspirierte Fortis).

Der vordere Zungensaum presst sich stärker an die Alveolen, resp. Oberzähne als bei d. Der Laut ist stets ein aspirierter, rein kennt ihn die M. nicht. Dorsale Bildungen des t̔ kommen nicht vor. Er findet sich im Wortanlaute vor Vokalen, und zwar fast nur in Fremdwörtern, Eigennamen und erst in jüngerer Zeit von der M. aufgenommenen Wörtern.

c (palatale stimmlose Lenis).

Die Zungenspitze bleibt hinter den untern Schneidezähnen liegen, das Zungenblatt wölbt sich nach oben, so dass der vordere Teil der Mittelzunge vor oder nach i den Verschluss etwa gegen die Mitte des harten Gaumens bildet, vor oder nach e und æ je ein wenig weiter nach hinten. c kommt im Anlaute vor vorderen Vokalen, sowie im Auslaute nach solchen vor, also in anlautendem ci ei, cê ee, ciè eiɾ, cə̂ eə̃, cɑ̃ɛ, sowie in auslautendem îc ie, êc ee, ɑ̂ɛc, æ̂c und ɔ̂c vor. Ferner wird c im Anlaute nach s gebraucht, in Wörtern wie badèsɛɔ „Schlüsselblume", ebenso vor f, l, s und š im Silbenanlaute, z. B. in cfɑ̃ŋɔ „gefangen", clɔi „sofort", csiχd „Gesicht", cšüir „Geschwür", ɔ̃ŋcl „Onkel". Vor l nach hinteren langen Vokalen ist der Explosivlaut ein palataler, weil die Silbengrenze hier zwischen Vokal und Verschlusslaut liegt, letzterer also in den Anlaut der zweiten Silbe kommt; nach kurzen hinteren Vokalen dagegen ist der Verschlusslaut vor l ein gutturaler, weil die Silbengrenze in den Verschlusslaut hineinfällt, indem die Bildung des Verschlusses der ersten, die Oeffnung desselben jedoch der zweiten Silbe angehört; man spricht demnach nâ-cl „Nagel", fô-cl „Vogel", aber fagl „Fackel", ɔ̃gl „dummer Mensch".

q' (palatale aspirierte Fortis).

Die Artikulation ist dieselbe wie bei c, nur presst die Mittelzunge stärker gegen den harten Gaumen und auf den Explosivlaut folgt unmittelbar der Hauchlaut. q' kommt nur im Anlaute von Wörtern vor vorderen Vokalen vor.

g (gutturale stimmlose Lenis).

Die Zungenspitze tritt von den untern Schneidezähnen zurück, die Hinterzunge artikuliert gegen den weichen Gaumen und zwar vor oder nach a und ɔ, sowie vor r ein wenig weiter nach hinten als vor oder nach u, o, ɔ. g kommt im Silbenauslaut nach hinteren Vokalen, sowie im Silbenanlaut vor solchen vor — auch vor halbvokalischem u — also in den Verbindungen ɔg, ág ag, óg og, ɔ́g ɔg, úg ug, ɑ̊g, gɔ, gá ga, gó go, gɔ́ gɔ, gú gu, guî etc., gɔ̃, gɑ̃ gɑ̃, gɔ̃ vor. Auch nach r tritt stets gutturales g auf, so in šdɔrg „Storch", dirg „Türke". Vor r im Silbenanlaute ist der Verschlusslaut stets ein gutturaler, vor r im Silbenauslaute nach hinteren Vokalen ebenfalls ein gutturaler, also in mɑ̂gr „mager" sowohl wie in agr „Acker"; ebenso ist der Verschlusslaut ein gutturaler vor r nach langen vorderen Vokalen, dagegen nach kurzen vorderen Vokalen ein palataler, weil im ersten Falle die Silbengrenze wieder zwischen langen Vokal und Verschlusslaut, im zweiten Falle in den Verschlusslaut selbst hineinfällt, so dass der Verschluss noch zur ersten Silbe zählt. Man spricht somit di-gr „Tiger", aber dicr „dicker".

ƙ (gutturale aspirierte Fortis).

Artikulation wie bei g, nur ist der Druck der Hinterzunge gegen den weichen Gaumen ein stärkerer und dem Explosivlaut stürzt ein Hauchlaut nach. ƙ kommt nur im Wortanlaute vor hinteren Vokalen vor.

§ 11. Spiranten (Reibelaute).

Sie entstehen dadurch, dass der Mundkanal an irgend einer Stelle so weit verengt wird, dass der Lautstrom an den Rändern der Enge sich reibt und ein Geräusch erzeugt.

f.

Die Unterlippe zieht sich zurück, so dass die Oberzähne auf der innern Schleimhaut derselben leicht aufsitzen. Der Luftstrom dringt aus den zwischen Unterlippe und dem untern Teil der Oberzähne bleibenden Lücken hervor, der Laut ist ein labiodentaler.

w.

w kommt nur vor û u vor. Die Lippen legen sich gegen die Mundwinkel auf einander und nähern sich in der Mitte so, dass noch eine schmale Spalte bleibt. Für das auf w folgende u stülpen die Lippen sich ein wenig mehr nach vorn, die Mundwinkel rücken einander wenig näher, die Lippenöffnung dagegen wird eine weitere und nähert sich der Kreisform. Vor allen andern Vokalen als û u ist die Lippenannäherung keine so grosse, dass Reibegeräusche entstehen könnten, das w wird dann halbvokalisch und unterscheidet sich von u nur dadurch, dass die Lippenspalte unbedeutend breiter ist und die Lippen sich kaum nach vorn stülpen. w ist stets stimmhafter Laut.

Die Zischlaute.

s (stimmlos).

Die Zungenspitze bleibt hinter den Unterzähnen liegen, das Zungenblatt wölbt sich nach oben, drückt sich auf beiden Seiten an die Alveolen oder an die Hinterwand der Oberzähne, lässt aber in der Mitte eine schmale Rinne, durch welche die ausströmende Luft gegen die Kanten der Oberzähne getrieben wird. s ist also wie das franz. s ein dorsaler Laut Es wurde bei d schon bemerkt, dass wenn s auf d folgt, dasselbe die d-Bildung in der Weise beeinflusst, dass die Zunge gleich s-Stellung einnimmt, die Zungenspitze also hinter den vorderen Unterzähnen liegen bleibt und das Zungenblatt den dorsalen d-Verschluss gegen die Alveolen bildet, worauf dasselbe in seiner Mitte wenig zurücktritt und die s-Rinne herstellt. Auch wenn l auf s folgt wie in bislê „bisschen", werden die Artikulationen abgeändert, entweder wird das für sich cerebral gebildete l dorsal, indem es sich an die s-Artikulation anpasst, oder wird das s durch Anpassung an die l-Artikulation coronal-alveolar oder coronal-postdental. Doch wurden auch normale Bildungen beobachtet. In der Lautverbindung ls wie in bels „Pelz" wird s gewöhnlich coronal-alveolar oder coronal-postdental. Treten dsl als Lautgruppe zusammen in Wörtern wie q'idslə „kitzeln, junge Ziegen", so wird ebenfalls bei allen drei die Bildung meist eine coronale.

š (stimmloses sch).

Die Enge wird ein wenig weiter nach hinten gebildet als bei s, und zwar hinter den Alveolen oder der Grenze von Alveolen und hartem Gaumen. Die Lippen stülpen sich nach vorn und bilden eine ziemlich weite Spalte, die Zungenspitze tritt von den Unterzähnen zurück ohne sich jedoch zu heben, das Zungenblatt verbreitert sich und bildet nach oben steigend die breite Lautenge. Dadurch, dass das Zungenblatt von den Unterzähnen zurücktritt, bildet sich im Vordermund ein Hohlraum, in welchen die Luft als breiter Strom getrieben wird. In den Lautverbindungen šl und lš werden entweder beide Laute in normaler Weise gebildet, oder aber wird dem l der cerebrale Charakter genommen und dasselbe in ein coronal-alveolares oder coronal-postdentales verwandelt.

Palatale und gutturale ch-Laute.

χ (palataler stimmloser ch-Laut).

Die Zungenspitze bleibt hinter den untern Schneidezähnen liegen, das Zungenblatt wölbt sich nach oben, die Mittelzunge presst sich seitlich an die obern Eckzähne und Prämolaren, sie hebt sich in der Mitte und bildet die Enge gegen den harten Gaumen. Der Laut wird nach den vorderen Vokalen, sowie nach l im Silbenauslaut gebraucht; man spricht biχə „auspechen", feχr mit χ, weil hier der Reibelaut noch zur ersten Silbe zählt, dagegen fi-xr mit gutturalem x, weil der Reibelaut des langen Vokals halber in den Silbenanlaut zu stehen kommt.

j (palataler stimmhafter ch-Laut).

Dieser Laut entspricht dem stimmlosen χ. Man erhält ihn dadurch, dass man die Vorderzunge von der i-Stellung aus so weit hebt, dass Reibegeräusche entstehen. j wird jedoch nur vor i z. B. in jidê „Jüdin" gebraucht, die Vorderzunge steigt hier des folgenden i halber so hoch, dass der Laut rein konsonantisch wird, vor allen andern Vokalen hebt sie sich nicht über die i-Stellung und es treten meist halbvokalische i für j ein.

x (gutturaler stimmloser ch-Laut).

Wird die Hinterzunge von der u-Stellung aus noch mehr gehoben, so dass die Enge so gross wird, dass beim Durchstreichen des Lautstroms Reibegeräusche entstehen, so hat man die Artikulation für x. Der Laut kommt in der M. nur als stimmloser vor und zwar im Auslaute nach hinteren Vokalen, sowie nach r. Ebenso findet sich der Laut im Silbenanlaute vor r, so in dem schon erwähnten fi-xr.

' (h).

Die Artikulation wurde schon in § 7 angegeben, ' ist, wenn man es nicht als stimmlosen Vokal ansehen will, eine stimmlose Kehlkopfspirans.

Konsonantentafel der Mundart.

		Lippenlaute		Zungengaumenlaute								Velarlaute	Faucallaute
				Coronale				Dorsale			Laterale		
		Labiale	Labiodentale	Cerebrale	Interdentale	Postdentale	Coronal-alveolare	Dorsal-alveolare	Palatale	Gutturale	Cerebral-laterale		
Explosivlaute	stimmlose Lenis	b				d	d		c	g		[illegible] hörbar	
	aspirierte Fortis	p'				t	t		q'	k			
Spiranten	stimmlos		f					s š	χ	x			' (Hauchlaut)
	stimmhaft	w (nur vor [illegible])							j (nur vor)				
Sonorlaute	Nasale	m				n	n		ŋ	ŋ			
	l-Laut										l		
	r-Laute						R (selten)			r			

B. Vorkommen der mundartlichen Laute im Vergleich zu den mhd. (ahd.) Lautformen.

§ 12. i entspricht

1. mhd. i.

a. in betonter Silbe vor einfacher Konsonanz mit Ausnahme von t *):

bibl F. (mhd. bibel nach gr.-lat. biblia); — bir F. (mhd. bir, ahd. bira, aus pira, Pl. von pirum); — bisn M. (mhd. bisem, ahd. bisam, mlat. bisamum vom hebr. besem „Wohlgeruch, Salbe"); — blibə Part. (vom mhd. Inf. blîben); — bolis M. „Polizeisoldat" (durch Auswerfung des ersten Bestandteils von z von mhd. polizi „Polizei", aus mlat. politia, policia); — bšis M. „Betrug" (mhd. beschiz); — di „dich" betont (mhd. dich; ch fällt weg); — digr M. (mhd. tiger aus lat. tigris); — dil M. „dickes Brett" (mhd. dil, ahd. dili); — dir, betont (mhd. dir); — disəmə „lispeln" (zu mhd. adv. tisem „stille"); — drib M. „Dung, Hefe" (mhd. trip, — bes); — dribə Part. (von mhd. Inf. trîben); — drißə „eine Arbeit langsam verrichten"

*) Fortis hindert Dehnung, s. auch § 15, 1 a.

(mhd. trifelen „drehen"), dazu drifir M. „langsamer Mensch"; — dsfridə (erst nhd., ursprüngl. nur Adv., im mhd. dafür mit vride); — daifr in ŭdsaifr N. (spät mhd. ungezibere, unzivor, von ahd. zëbar); — dsil N. (mhd. ahd. zil) [dazu dsilə „zielen"]; — dsuibl F. (mhd. zwibolle zibolle M. [auf der Alb auch dsibl], ahd. zwibollo zwivolle M. (aus lat. caepulla). [dazu frdsuiblə „durchhauen"]; — fiχ N. „Vieh, dummer Mensch" (mhd. vihe vëho, mit dial. Nebenform vich, ahd. fihu fëhu); — fil (mhd. vil vile, ahd. filu); — fridə M. (mhd. vride, ahd. fridu); — cib 1. Pers. Sing. Praes. Ind. vom Inf. cē (mhd. Inf. gëben) [2. Pers. coisd, 3 Pers. coid]; — cliə Part. (vom mhd. Inf. liheu); — gribə Part. (vom mhd. Inf. riben); — csi, csisd, csid Sing. Praes. Ind. vom Inf. sēə (mhd. Inf. sëhen); — csid 3. Pers. Sing. Praes. Ind. vom Inf. csēə (mhd. Inf. geschëhen); — csdicə Part. (vom mhd. Inf. stigen); — csis N. „Umständlichkeit, langsame Ausführung einer Arbeit", ähnliche Bildung wie bsis [man sagt auch soisedsolŭŋdrārōm „mach nicht so lange dran herum"]; — ausnahmsweise csmisə Part. (mhd. gesmiʒʒen mit Geminata!); — csniə Part. (vom mhd. Inf. snien); — csribə Part. (mhd. Inf. schriben); csuir N. (setzt mhd. geswire voraus, gewöhnl. geswër); — 'urniclə „hageln, zugleich schneien und regnen, empfindlich in den Fingerspitzen frieren" (wohl zu mhd. horniʒ hornuʒ „Hornisse", zunächst scheint das Wort den sausenden Klang zu malen, dann aber ist der Stich des Tiers zur Vergleichung heranzuziehen); — ī „ich" betont (mhd. ich, ch fällt ab); — īr Pron. pers. und Pron. poss. (mhd. ir); — q'īfə „essen" von Früchten, die man aus Schalen herausnehmen muss, wie z. B. Nüsse, Buchecker (mhd. kifen „nagen"); — q'il M. „Federnkiel" (mhd. kil, ahd. nicht nachzuweisen); — q'isl in q'islsdōē M. „Kieselstein" (mhd. kisel, ahd. chisil); — lifrə „liefern", [erst früh nhd., nach mlat. liberare (frz. livrer)]; — ligə (mhd. ligen); lis, lisd, lisd Sing. Praes. Ind. vom Inf. leəsə (mhd. Inf. lësen); — mī „mich" betont (mhd. mich, das ch fällt weg); — mir, „wir" und „mir" betont (mhd. wir und mir); — nidr, Adv. und Adj. (Adv. mhd. nider, ahd. nidar: das Adj. ist eine junge germ. Schöpfung aus dem Adv.; ahd. Adj. nidari, mhd. nider nidere); — ŏndrsid M. (mhd. under-schide F., Nebenform von underschit-des M.); — ribələ „kleine Kügelchen aus Mehl, Milch und Eier zu Suppen" (von mhd. ribel „Reibeisen"); — ricl M. (mhd. rigel, ahd. rigil „Querholz zum Verschliessen", engl. rail, ndd. schwed. regel) [dazu riclwād F. „Riegelwand"]; — ris M. (mhd. rise, ahd. risi riso); — risələ „fein regnen" (mhd. riselen), dazu risəlē N. „Sommersprosse" (mhd. risel, „Herabfallendes, Regen"); — sbil N. (mhd. ahd. spil); — sdifl M. (mhd. stivel, stivāl, it. stivale, mlat. æstivale „Sommerliches"); — sdil, sdilsd, sdild Sing. Praes. Ind. vom Inf sdeələ (mhd. Inf. stëlen); — sdil M. (mhd. ahd. stil); sdricl M. (mhd. strigel, ahd. strigil, vom lat. strigilis „Schabeisen zum Abreiben der Haut beim Baden"); sdriclə „striegeln, auch kämmen" (mhd. strigeln); — sidwec M. „Abschiedsschmaus der Kurzgängerinnen, bei welchem die grossen Reutlinger Pasteten oder Weissbrot und Kaffee aufgetragen werden" (mhd. ähnlich schid-win „Abschiedstrunk"), ebenso absid M. (früher Abscheid, von mhd. scheide F.); — sifr M. (mhd. schiver schivere, ahd. scivaro „Steinsplitter", jetzige Bedeutung erst nhd.); — smid M. (mhd. smit-des, ahd. smid „Metallarbeiter", engl. smith, ndl. smid), ebenso smidə [aber smidē „Schmiedwerkstätte"]; — swigr F. „Schwiegermutter" (mhd. swiger, ahd. swigar); — swil F. („harte Hautstelle, sodann in Folge eines Schlages angeschwollene Hautstelle" (mhd. swil, ahd. swilo); — sib N. (mhd. ahd. sib, angls. sifo, engl. sieve; für das Zeitwort tritt meist in der M. raədə ein); — sibə, Num. (mhd. siben, ahd. sibun, engl. seven, ndl. zeven); — sicl M. „Siegelstock", N. „Siegel" (mhd. sigel, ahd. fehlt; in der klassischen Zeit mhd. insigel, insigele, ahd. insigili); — uid F. „Weide, Rute" (mhd. wide, wid „Flechtreis"); — uidr „wieder" (mhd. wider, ahd. widar); — uic, uicsd, uicd Sing. Praes. Ind.

vom Inf. ᵘeᴐgə (mhd. Inf. wëgen und wigen): — ᵘis F. (mhd. wise, ahd. wisa); — ᵘislə (neuer ᵘeslə) „wechseln“ (mhd. wihseln, Nebenform von wëhseln, das h fällt aus); — hiezu in betonter Silbe in folgenden Fremdwörtern: adsisr M. „Acciser“ (vom lat. accisus); — bardi F. „Abteilung von Personen und Sachen, Partie im Spiel, Heirat, Ausflug“ (aus frz. partie [lat. partita, engl. party]): — baris „Paris“ (frz. Paris, lat. Lutetia Parisiōrum); — bic M. „Aerger, Neid“, vom jungen Geschlecht auch „bic“ gesprochen (aus frz. pique „Pike, Groll“); — blãni F. „Wandelanlage mit Bäumen“ (aus frz. plan „Ebene, Fläche“): — bris M. „Prise Schnupftabak“ (erst nhd., nach frz. prise), dazu brisə „Schnupftabak nehmen, Arsch lecken“; — brofîsr M. „Lehrgehilfe“ (aus lat. provîsor); — galə̃madias M. „verworrenes Geschwätz“ (frz. galimatias, das hd. th lässt an Matthias denken, am nächsten liegt frz. galimafré(e), „Frikassee von Speiseresten“, engl. gallimaufry „Gemengsel, Gemisch“); — cîraf M. (frz. girafe, engl. giraff, it. giraffa, lat. camelopardalis giraffa, aus dem Arab.); — kadeqʻismus M. (gr.); — lidəfãnî F. „Lithophanie“ (gr.); — lodrî F. (frz. loterie, engl. lottery, it. lotto, von germ. Wz., mhd. ahd. lôʒ; die ersten Glücksspiele kamen gegen Ende des 16. Jhs. aus England und Frankreich zu uns): — šmîs M. „breiter Kinderkragen“ (von frz. chemise, aus mlat. camisia); — endlich die Eigennamen, in welchen î zum Teil jetzt in unbetonter Silbe steht: dibêsə „Tübingen“: — ê'mil „Emil“ (emîʻlius, emîʻl, émil): — é'milê „Emilie“; — frîdr „Friedrich“; — lis „Elise“; — lisəbéd „Elisabeth“; — maʻrî „Marie“; — oʻdîlê „Ottilie“;

b. vor Doppelkonsonanz, mit Ausnahme von Geminata und Affricata: ausnahmsweise vor ft in eifd M. „Neid“, in dem Ausdrucke deər ʻədn raəxdəeifd ênm, „er steckt voll Neid und Missgunst“ (mhd. ahd. gift F. „Gabe, Gift“, Neutr. ist das Wort wesentl. nhd., Gift „virus“ in der M. stets eifd); ausnahmsweise vor ss in gᵘis (mhd. Adj. gewis-sses, Adv. gewisse); vor ht: diχdə „dichten“ (mhd. tihten „schreiben, ersinnen, erfinden“, ahd. tihtôn, aus lat. dictāre); — fiχd 3. Pers. Sing. Praes. Ind. in Ausdrücken wie sfiχdmê â „es kümmert mich, macht mir Sorgen“ (von mhd. ane-vëhten „anfechten“); — ciχd F. (mhd. giht, meist als Kollektiv gegihte); — griχd N. (mhd. gerihte, ahd. girihti); — ešiχd F. „Geschichte“ mit baes „böse“ oder šê „schön“ „böse Sache“ (mhd. geschiht, ahd. giscibt); — gᵘiχd N. (mhd. gewiht, gewihte, Verbalabstraktum zu wiegen); — riχdə (mhd. ahd. rihten „recht machen“, Denom. zu recht), [dazu foriχdə „verrichten“, âriχdə „anrichten vom Essen“, uâriχdə „zurecht legen“, sowie nâxriχd F. „Nachricht“, das jetzt ebenso häufig nâxriχd heisst, weil das i in unbetonte Stellung gedrängt ist]: — vor rd: irdê „irden“ (neuer auch irdê, mhd. ahd. irdîn, Stoff-Adj. zu ahd. ërda): vor rt: ʻird M. „Hirte“ (mhd. hirte, ahd. hirti „der zur Herde Gehörige“, engl. noch shepherd); — ᵘird M. (mhd. ahd. wirt); — vor rs: qʻi(r)š F. (mhd. kirse, ahd. chirsa, nicht aus lat. cerasum, sondern aus einem ceresia, frz. cerise, ital. ciriegia): — vor rst: fîršd in daxfîršd M. (mhd. virst, ahd. first); — vor rz: hi(r)š M. (mhd. hirʒ, hirz, ahd. hiruʒ, hirʒ, hirz); — vor rs: šmi(r)dsə „schmerzen“ (mhd. smirzen), [Subst. = šmærds M.]; — ausnahmsweise vor st in ᵘisd Praet. Konj. (mhd. wiste, wëste vom Inf. wiʒʒen);

2. mhd. ü, Umlaut von u,

a. vor einfacher Konsonanz ausser t:

brîel M. (spät mhd. brügel); — dibl M. „Zapfen zum Vereinigen zweier Holzstücke“ (mhd. tübel „Pflock, Zapfen“): — dîr F. (mhd. tür, ahd. turi, eigentl. ein zum Sing. gewordener Plur.): — dsibr M. Pl. (mhd. Sing. zuber, ahd. zubar); — dsîg M. Pl. (mhd. Sing. zuc-ges, ahd. zug, Verbalabstraktum zu ziehen); — dsîel M. (mhd. zügel, zugel, ahd. zugil, zuhil): — fidlə N. „Arsch“ (Dim. zu mhd. vut, zunächst „cunnus, vulva“, von der Beziehung des weibl.

Geschlechtsteils ging vut in die des „Hintern" über); — fîr Adv. „vor" (mhd. vür, ahd. furi), dazu drfîr „dafür" (mhd. dâr dâ, ahd. dâr und mhd. vür), fîrnêm (mhd. vürnaeme, md. vornêmo); — flîcl M. (mhd. vlügel, jüngeres aus fliegen gebildetes Wort): — 'îlɔ in aus'îlɔ „aushöhlen" (von mhd. hüle „Höhle", mhd. uz-hölern); — îbl (mhd. übel, ahd. ubil); — îbr (mhd. über, ahd. ubir, ubar Präp., daneben ubiri Adv.) [ebenso drîbr „darüber", dribrdnăĕ „zu arg", dibɔ „drüben"]: — îbriχ (mhd. überic(g), eine erst mhd. Ableitung aus über): — mîlĕ F. (mhd. mül müle, ahd. mulî mulîn, aus spätlat. gemeinrom. molîna für mola): — šbirɔ (mhd. spürn, ahd. spuren); — šiblĕ N. „Mundvoll, ausziehbare Rahme des Dörrofens, auf welcher das Obst gedörrt wird" (Dim. zu mhd. schup-bes): — šîrɔ (mhd. schürn „antreiben, reizen, entzünden", dazu mhd. schorn „zusammenkehren", ahd. scora „Schaufel"):

b. vor Doppelkonsonanz, mit Ausnahme von Geminata und Affricata, und zwar

vor ht: frîχd F. Pl. (mhd. Sing. vruht, ahd. fruht); — sîχdiχ in 'ēndlsîχdiχ „händelsüchtig" und šuēndsîχdiχ „schwindsüchtig" (mhd. sühtec(ic) „krank, krankhaft"); — vor rs: bi(r)šlĕ, auch bî(r)šdlĕ N. „Bürschlein" (Bursche, ident. mit nhd. Börse, mhd. burse „Börse, Genossenschaft, Haus derselben, besonders der Studenten"); — q'î(r)šnr M. „Kürschner" (mhd. kürsenære, Ableitung von mhd. kürsen, kursen „Pelzrock"); vor rst: bi(r)šd F., Dim. biršdlĕ N. (mhd. bürste) [ebenso bî(r)šdɔ (mhd. bürsten)]; — dî(r)šdɔ (mhd. dürsten, dursten, nhd. dürs-ten von mhd. Adj. dürre, ahd. durri); — uî(r)šd F. Pl. (mhd. ahd. Sing. wurst, von idg. Wz. wert „drehen"); — vor rt: cîrdl M. (mhd. gürtel, ahd. gurtil M., gurtila F.); — vor rz: guî(r)ds N. (mhd. würze): — q'î(r)dsr Komp. (mhd. ahd. Pos. kurz, Lehnwort aus lat. curtus); — šdî(r)dsɔ (mhd. stürzen, ahd. sturzen, wozu auch engl. start); — šî(r)ds M. Pl. (mhd. Sing. schurz, ahd. scurz); — uî(r)dsəlĕ N. (Dim. von mhd. wurzel, ahd. wurzala); — hiezu stellen wir folgende Prät. Konj.-Formen: brîχd (vom mhd. swv. Inf. brûchen, ahd. brûhhan; — dîfd (mhd. dörfte, dorfte, vom Inf. dürfen);

3. ausnahmsweise entspricht i mhd. î in dem nicht volkstümlichen und daher der lautgesetzlichen Dehnung nicht unterworfenen barɔdis N. (mhd. paradîse, paradîs, pardis, ahd. paradîsi, paradîs, es entstammt dem bibl. kirchl. paradisus, dieses dem Persischen, mhd. î erklärt das ältere nhd. „Paradeis"); — mhd. ie vor mundartl. ɔ in: dsîɔ (mhd. ziehen, ahd. ziohan); — nîrnlĕ N., für welches richtiger auch niərlĕ gebraucht wird (mhd. nier, niere, ahd. nioro); — mhd. üe vor mundartl. ɔ und i in blîɔ (mhd. blüejen, blüen, ahd. bluojan): — brîɔ (mhd. brüejen, brüen); — clîɔ (mhd. glüjen, glüen, ahd. gluoen), [wozu auch cliiχ(e) „glühend"]; — endlich in dem wenig gebrauchten fîlɔ (mhd. vüelen, ahd. fuolen; ein md. ndd. Wort, das erst durch Luther schriftdeutsch geworden ist und für welches jetzt noch in der M. meist „šbirɔ" eintritt).

4. Um aus der Schreibweise Schlüsse auf einen etwaigen Lautwandel ziehen zu können, wurden eine Reihe von Urkunden des städtischen Archivs, die alle von einheimischen Bürgern geschrieben sind, untersucht, und es dürfte nicht ohne Interesse sein, die verschiedenen Schreibweisen beisammen zu sehen; es sollen deshalb einige der î-Worte mit den betreffenden Jahreszahlen beigefügt werden: 1544 Dibingen, 1592 widerruoff, 1592 Mihlherrn, 1592 widerumben, 1598 fürsychtig, 1599 fyrsichtig, 1599 zuofridenn, 1599 widerumb, 1600 yber, 1602 fürgeworffen, 1605 veber, 1607 mit villen Kindern begabt, 1616 Dibingen, 1629 Styfel, 1631 widerholet, 1665 yberig, 1666 yblich, 1667 yber, 1667 ybrig, 1668 yberſetzt, 1668 Mühlene, 1669 vmbgetriben, 1671 yber, 1676 daführ, 1676 wihr, 1676 spillen „spielen", 1677 yber, 1684 Übell, 1685 wüder

„wieder“, 1685 Mühlin, 1688 Adlerwürth, 1688 widerumb, 1708 erwiesen, 1724 ybel, 1744 Thürlin, 1763 Hausszihler.

§ 13. i entspricht

1. mhd. i.

a. vor t:

brid N. (mhd. brit, Nebenform von brët, ahd. brët: — brofid M. (frz. profit, lat. profectus); — didə Part. (von mhd. sw. V. diuten tiuten) [ebenso ådidə „angedeutet“, bedidə „darauf aufmerksam gemacht“]; — drid M. „Schritt, Stoss mit dem Fusse, Stufe einer Stiege, erhöhtes Gestell vor dem Fenster“ (mhd. trit); — drid. dridšd, drid Sing. Praes. Ind. [Pl. draedə etc.], ebenso Sing. Imp. drid (von mhd. Inf. trëten); — dsidr F. (wie ahd. cithara zitera nach lat. cithara, dafür mhd. zitòle aus afrz. citole); — fisid F (frz. visite); — cidar F. (frz. guiture, it. chitarra, span. guitarra); — cidr N. (spät mhd. giter gitter gegitter. eigentlich geter Nebenform zu gater); — clidə Part. (mhd. geliten) [dazu frlidə Part. vom Inf. sefrlaidə „sich abmühen“; durch Uebergang von liuten in liden auch in elidə Part. (mhd. geliutet)]; — cšnidə Part. (mhd. gesniten); — g^{u}idr N. (mhd gewitere, ahd. giwitiri); — q'idl M. (mhd. kitel kittel); — Ƙōndidr, auch Ƙāndidr M. (vom lat. condire); — mid Präp. Adv. (mhd. ahd. mit); — šbidl M. (mhd. spitâl und spitel aus lat. hospitâle); — sid F. (mhd site M., selten F., ahd. situ); — šnid M. (mhd. ahd. snit); — šrid M. (mhd. schrit, ahd. scrit); — ^{u}ibr M. „Witwer“ (mhd. witwære, ahd. wituwo, Ableitungen aus mhd. witewe, ahd. wituwa; in der M. fällt t meist aus, doch auch ^{u}id^{u}ər), dazu ^{u}idfrao „Witwe“; — ^{u}id „willst“, unter Assimilation des l aus mhd. wilt, auch „wit“ kommt schon mhd. vor);

i steht vor g und k in Fremdwörtern, die in der Regel den Lautgesetzen nicht unterworfen sind, da zur Zeit der Wirkung derselben die Worte noch nicht volkstümlich waren: dsicar F. (nach frz. cigare, span. cigarro); — music F. „Tonstück, Gesamtheit der Musiker, übertragen: Gesamtheit von Dingen“ (lat. musica); — Ƙadolic M.;

b. vor Geminata und Affricata, und zwar

vor ch *): briχ, briχšd, briχd Sing. Praes. Ind. [Pl. braeχə etc.], ebenso Sing. Imp. (von mhd. Inf. brëchen); — frbiχd „versessen auf, auch böse auf“ (von mhd. pëch, das in seltenen Fällen auch als pich vorkommt, asächs. pik, ndl. pik pek, anord. bik, engl. pitch); — fršbriχ. fršbriχšd, fršbriχd Sing. Praes. Ind. [Pl. fršbraeχə], ebenso Sing. Imp. (von mhd. Inf. verspröchen); — eiχə Part. (von mhd. sw. V. ichen); — cšdriχə Part. (mhd. gestrichen); — g^{u}iχə Part. (mhd. gewichen); — miχdə M. „Mittwoch“ (mhd. michte mickte, neben andern kontr. Formen statt mitte-woche; das junge Geschlecht gebraucht in der M. fast nur mid^{u}ox); — šdiχ, šdiχšd, šdiχd [Pl. šdaeχə etc.], ebenso Sing. Imp. šdiχ! (von mhd. Inf. stëchen); šdiχ M. (mhd. stich. ahd. stih [hh]), dazu šdiχr M. „Werkzeug zum Behauen der Trester“; — šdriχ M. (mhd. ahd. strich); — siχ betont, unbetont sə (mhd. Akk. Dat. sich, ahd. Akk. sih); — siχl F. (mhd. sichel. ahd. sihhila); — siχr (mhd. sicher, ahd. sihhur); ^{u}iχdiχ (erst nhd., jüngere Nebenform zu gewichtig); vor ck: bicl M. (mhd. bickel „Spitzhacke“); — dic (mhd. dic dicke, ahd. dicchi); — ficə „reiben, kratzen, wenn es einen beisst“ (mhd. ficken „reiben“) [dazu gehört wohl auch fidšə „abreiben, abrutschen von Kleidern“ (vgl. engl. fidge „unruhig sein“), sowie äcfidšd „fadenscheinig, abgerutscht von Kleidern“]; — fršdicə (mhd. ersticken, ahd. irsticchen); — cnic N. (mhd. genicke genic); — cšicd Part. (mhd. geschicket) [dazu gšid adj. „geschickt,

*) ursprünglich k + ch; Mittelhochdeutsch steht ch auch für hh oder auslautendes h.

gewandt, auch hübsch, schön, lieb, gut", sowie šdešid „ungeschickt", beide mit Wegfall des ck]; — niel M. „Zehnpfennigstück" (erst nhd., aus gleichbedent. schwed. nickel); — niel M. „eigensinniger Mensch" (von Nickel = Nicolaus) [dazu dsornicl M „jähzorniger Mensch"]; — ric M. „Strang Garn oder Seide", dazu Dim. ricle N. (mhd. ric, -ckes „Band, Verstrickung, Knote, Schleife"); — šbicə „mit Speck bestecken, abschreiben, von andern etwas absehen und nachmachen, im Buche spicken, wenn man beim Hersagen stecken bleibt" (mhd. spicken „mit spëc bestecken, mit etwas gut versehen"); — šdicə (mhd. sticken, ahd. sticchen); — šdric M. (mhd. ahd. stric strick); — šdricə (mhd. stricken, ahd. stricchen); — šicə (mhd. schicken, fehlt dem Ahd. und Altgerm.); — sicərə (erst nhd., aus dem Ndd.? vgl. angls. sicorian „tröpfeln, langsam fliessen"); — ᵘic F. (mhd. wicke, ahd. wiccha aus lat. vicia, woraus it. veccia, frz. vesce, engl. vetch); — ᵘiclə (aus spät mhd. wickeln, eigentl. „in die Form eines Wickels bringen"); — hiezu das Fremdwort pərmədicl, auch pərbədicl M. (aus lat. perpendiculum); — vor ff, pf: bfifis, auch bfibfis M. „hartes Zungenhäutlein vom Geflügel" [auch: dəmdəbfibfis ndemə „einen Stolzen demütigen"] (mhd. ahd. pfiffiz pfipfiz); — bfifrlēs M. zur Bezeichnung der Wertlosigkeit [ᵢə nbfifrlēs! „es ist nicht wahr"] (mhd, pfifferling pfëfferling „Pfefferschwamm"); — drif, drifšd, drifd Sing. Praes. Ind. [Pl. draefə etc.), ebenso Sing. Imp. (von mhd. Inf. trëffen); — dsibfl M. „Zipfel, auch dummer Mensch" (mhd. zipfel zipf); — cšlifə Part. (mhd. gesliffen); — rifl M. „Verweis", dazu riflə „einen Verweis geben", (mhd. riffeln rifeln „durchkämmen, durchhecheln", mhd. riffel „Karst", ahd. riffila „Säge"); — šif N. (mhd. schif -ffes, ahd. scif scëf) [dazu šifə „pissen"]; — šnibflə (nach dem Ndd., ndl. snippelen „zerschneiden, zerstückeln", mhd. snipfen „in kurzer Bewegung schnellen") [dazu cšnibf „kleine Abfälle, namentlich von Gemüsen"]; — vor ll: abril M. (mhd. aprille aberëlle aus lat. Aprilis); — biliχ (mhd. ahd. billich, Adv. mhd. billiche, ahd. billihho); — bril F. „Brille, auch Brett, auf dem man im Abtritt sitzt" (spät mhd. barille berille brille, eigtl. „Edelstein" aus lat.-gr. beryllus); — diledab M. „ungeschickter Mensch" namentlich in drdiledab ˈɔdsäē uɔib dsdaodkidsələd „der Diledab hat sein Weib zu Tode gekitzelt" (das Wort zeigt sich zuerst im 15. Jh., gewöhnlich durch mhd. dil dille „Flur" und tappen „ungeschickt umherlaufen" erklärt, doch scheint diese Erklärung eine unwahrscheinliche zu sein); — cšᵘil, cšᵘilšd, cšᵘild Sing. Praes Ind. [Pl. cšᵘælē etc.] (vom mhd. Inf. swëllen); — šdil (mhd. stille, ahd. stilli); — šilə „schielen" (mhd. schilhen, durch Assimilation von lh zu ll steht i vor Geminata); — vor pp: dribl M. „Stufe einer Treppe" (mhd. trippel „Tritt, Stufe"); — dsibrə, dsibrlə „zimpferlich an etwas herummachen" (wie einer, der das Zipperlin hat?); — grib F. (mhd. krippe, ahd. chrippa); — rib N. „Rippe, böses Weib" [letzteres verstärkt ribšəmdəifl] (mhd. rippe N. F., ahd. rippa F. rippi N.) [dazu grib „Gerippe"]; — sibšafd F. (mhd. sipschaft, gleichbedeutend mit mhd. sippe); vor rr: frəirə (mhd. verwirren, Nebenform von wërren verwërren, ahd. wërran firwërran([dazu wirwar M. „Wirrwarr"]; — cšir N. [mhd. geschirre, ahd. giscirri); — irə (mhd. irren, ahd. irrôn), dazu forirə „verirren"; — vor tt: bidə (mhd. ahd. bitten aus bitjan bidjan); — bidr (mhd. bitter, ahd. bittar); — drid Ord. (mhd. dritte, ahd. dritto); — qᵘidərə „mit leiser Stimme lachen, mit hoher Stimme in sich hineinlachen" (mhd. kittern, seit 15. Jh. nachgewiesen); — midē F. (mhd. mitte, ahd. mitti, Abstraktbildung zum Adj.); — šlidə M. (mhd. slitte, gewöhnlich slite, ahd. slita F. slito M.); — šmidē F. „Schmiedwerkstätte" (mhd. smitte, ahd. smitta); — vor tz, z: bridš (spät mhd. britze, nur in den Zus. setz. britzelmeister „Pritschmeister" und britzelslahen „Schlag mit der Pritsche"); — dsids M. „Zitz" (aus ndl. sits chits, engl. chints, bengal. chits „bunter Kattun"); — frids, auch didsē „Fritz"; — fidsə „mit einer Rute hauen" (Fitzrute eigtl. ein dünner Stab, an dem die

Garnkette auf dem Webstuhle am Garnbaum befestigt wird, mhd. viz vitz M. vitze F. „eine beim Haspeln abgeteilte Zahl Fäden“), fidsrlè N. „Rütchen“, fidsr „Stutzer“, weil er ein dünnes Stöckchen trägt, bezw. mit dem Stocke fitzt?; — ᵘõũdrfidsiχ „neugierig“ (zu ahd. fizus „schlau, listig“, vgl. engl. fit „Stoss, Anfall, Einfall, Laune“); — clidsɔ (mhd. glitzen) [dazu clidsiχ „glänzend“]; — ʿids F. (mhd. hitze, ahd. hizza); — qʿidsɔlɔ (mhd. kitzeln kützeln, ahd. chizzilôn chuzzilôn); — qʿidslè „junge Ziege“ (mhd. kitze kiz, ahd. chizzî kizzin) [dazu qʿidskõmsæ! Lockruf für Ziegen, sowie qʿidsɔbõ Sing., qʿidsɔbõnɔ Pl. „kleine Hagelkörner“, nach der Form der Ziegendrecker, die sonst im Schwäb. auch qʿidsɔbõnɔ heissen (allerdings kommen im Schwäb. auch Formen mit u vor!)]; — ridsɔ (mhd. ritzen, ahd. rizzen rizzôn); — šbids M. „Spitze, vorderer Teil eines Eis“, der hintere heisst âš „Arsch“ (erst nhd. aus mhd. Adj. spitz, spitze, ahd. spizzi), šbids F. „Stoffspitze“, šbidsɔ „spitzen“, šbidsic „spitzig“; — šnids M. „Schnitz, Teil einer Frucht, die zerschnitten wird, namentlich gedörrte Birnenstücke“ (aus mhd. snitzen, Intens. zu schneiden) [dazu šnidslɔ „schnitzeln“]; — šᵘidsɔ (mhd. switzen, ahd. swizzen); — sidsɔ (mhd. sitzen, ahd. sizzen); — šlidsɔ (mhd. slitzen, Intens. zu schleissen); — wids M. (mhd. witze, ahd. wizzî „Wissen, Verstand, Klugheit“); — vor ȥȥ: bis Konj. und Präp. (mhd. biȥȥe, Nebenf. von biȥ, auch bizze kommt vor, es wurde in mhd. meist unze unz dafür gebraucht); — bis M. „Biss“, häufig auch für „Bissen“ gebraucht (mhd. biȥȥe) [dazu bislè „bisschen“]; — bisɔ M. (mhd. biȥȥe, ahd. biȥȥo); — fris, frišd, frisd Sing. Praes. Ind. [Pl. fræsè], ebenso Sing. Imp. (von mhd. Inf. frëȥȥen); — cšisɔ Part. (mhd. geschiȥȥen); — gᵘisɔ N. (mhd. gewiȥȥen F. N., ahd., giwiȥȥani); — is, išd, isd Sing. Praes. Ind. [Pl. æsè], auch Sing. Imp. (von mhd. Inf. ëȥȥen); — mis, mišd, misd Sing. Praes. Ind. [Pl. mæsè], ebenso Sing. Imp. mis! (von mhd. Inf. mëȥȥen); — ris M. „Riss“ (mhd. riȥȥe, Nebenform von riȥ); — [Ausnahme macht cšmisɔ mhd. gesmiȥȥen];

c. vor sonstiger Doppelkonsonanz und zwar

vor ft: cifd N. „virus“ (mhd. ahd. gift F.; N. ist das Wort in dieser Bedeutung wesentlich nhd.), [cifd M. „Zorn, Neid“]; — šdifd M. „Drahtnagel mit kleinem Kopfe, Lehrjunge“ (mhd. stift stëft, ahd. stëft); — vor hs: ᵘicsɔ (spät mhd. wihsen, ahd. wahsen „mit Wachs überziehen“); — ausnahmsweise vor ht in dem nicht volkstüml. bfliχd F. (mhd. ahd. pfliht); — wegen der kontrah. Form auch in nics „nichts“ (erst mhd., dafür mhd. niht, entstanden aus nihtes niht, einer Verstärkung des einfachen niht, indem man niht ausliess); — vor lb: silb F. (mhd. silbe, älter sillabe, ahd. sillaba); — silbr N. (mhd. silber, silbar); — vor lch: dsᵘilχ M. (mhd. zwilch zwilich, ahd. zwilih (bb)); — milχ F. (mhd. milch, ahd. miluh); — vor ld: bild N. (mhd. bilde, ahd. bilidi) [dazu mãnsbild N. „männliche Person“ (mehr mãnsnâm), ᵘɔibsbild N. „weibliche Person“]; — ᵘild (mhd. wilde, ahd. wildi); — vor lf: ʿilf, ʿilfšd, ʿilfd Sing. Praes. Ind. [Pl. ʿælfè etc.], auch Sing. Imp. ʿilf! (von mhd. Inf. hëlfen); — vor lt: cild, cildšd, cild Sing. Praes. Ind. [Pl. cældè etc.] (von mhd. Inf. gëlten); — šild M. (mhd. schilt, ahd. scilt); — vor lw: milb F. (mhd. milwe, ahd. milwa); — vor lz: fils M. (mhd. vilz, ahd. filz); — šmils, šmilšd, šmilsd Sing. Praes. Ind. [Pl. šmælsè], ebenso Sing. Imp. šmils! (von mhd. Inf. smëlzen); — vor ps: (c)ibs M. (mhd., spät ahd. gips, von mlat.-gr. gypsum) [dazu ibsè „gipsen“ und ibsr M. „Gipser“]; — vor rb: frdirb, frdirbšd, frdirbd Sing. Praes. Ind. [Pl. frdærbè etc.], ebenso Sing. Imp. (von mhd. Inf. verdërben); — csirbs M., auch csibɔs M. (erst nhd., ein md. Wort, das durch Synkope aus knirbes, ndl. knirfix, niederrhein. knirwes); — qʿirbè F. „Kirchweihe“ kontrah. Form des mhd. kirchwihe, ahd. chiriwihi. vgl. alem. Kilbe); — šdirb, šdirbšd. šdirbd Sing. Praes. Ind. [Pl. šdærbè etc.], ebenso Sing. Imp. šdirb! (von mhd.

Inf. stërben); — uirb, uirbšd, uirbd Sing. Praes. Ind. [Pl. uærbè etc.], ebenso Sing. Imp. uirb! von mhd. Inf. wërben); — uirbl M. „Kopfwirbel“ (mhd. wirbel „Kopfwirbel, Sonnenblume“) [dazu sõnəuirbəlè N. „Ackersalat“]: — vor rc: bedsirg M. (mhd. zirc, aus lat. circus); — q'irx F. (mhd. kirche, ahd. chirihha); — vor rk: birg F. (mhd. birke, ahd. bircha birihha); — dsircl M. (mhd. zirkel, ahd. zirkil aus lat. circulus); — uirgə „Spitzen klöppeln, Gewebe hervorbringen“ (mhd. ahd. wirken); — vor rm: širm M. (mhd. schirm „Schutzdach, Verteidigung“, ahd. scirm „Schutzwehr, Schild“); — vor rn: frq'irnə refl. v., wenn einem Speiseteile in die Luftröhre kommen (mhd. kirnen kërnen „die Kerne ausmachen“); — 'irn N. (mhd. hirne, ahd. hirni); — šdirn F. (mhd. stirne, ahd. stirna); — vor sc sch: bišof M. (mhd. bischof (v), ahd. biscof, wahrscheinlich mit dem Arianismus der Goten ohne rom. Vermittlung aus dem Gr. übernommen); — diš M. (mhd. tisch, nhd. tisc); — dsuišə (mhd. zwischen zwüschen) [dazu drdsuišə „dazwischen“]; — fiš M. (mhd. visch, ahd. fisk); — friš (mhd. vrisch, ahd. frisc); — mišə (mhd. mndd. mischen, ahd. misken) [dazu mišmaš M. (ablautspielende Subst.-Bildung zu mischen)]; — uiš M. (mhd. wisch, ahd. wisc) [dazu wišə „wischen“ und flædrəuiš M. „Staubwedel, Blüte der Syringe“]; — vor st: dišdl M. (mhd. distel, ahd. distila F, distil M.); — grišd M. „Christ“, šėnrgrišd „scheinheiliger, boshafter Mensch“ (mhd. krist, ahd. christ); — csuišdrix Pl. (mhd. geswister Pl. N, ahd. giswistar Pl.); — išd (mhd. ist); — q'išd F. „Kiste, altes Weib“ (mhd. kiste, ahd. chista); — magišdr M. in šuidsə uiəmagišdr „schwitzen wie ein Magister“ (lat. magister); — mėnišdr M. „Minister“ (lat. minister, im Sinne von „Minister“ seit dem 18. Jh. nach dem Vorbilde der Franzosen gebraucht, vorher hatte es die Bedeutung „Diener“ überhaupt); — mišd M. „Mist, dummes Zeug“ (mhd. ahd. mist); — recišdr N. „Verzeichnis, Hinterteil“ (mhd. register aus mlat. registrum); — csnidə (mhd. Inf. sniden, Part. gesniten);

2. mhd. ü, Umlaut von u,

a. ausnahmsweise vor r, wie in der Präp. fir (mhd. vür), so in firšė (vür sich) und firr (das 2. r ist silbenbildend) „aus einem Verstecke, einer Ecke hervor“ [die Kürze des Vokals dürfte aus einer Form vürre zu erklären sein];

b. vor Geminata und Affricata und zwar vor ch: šbrix M. Pl. (mhd. Sing. spruch); — vor ck: bricl M. „Brocken“ (von einer nicht nachzuweisenden Form bruckil M.; unter Einfluss des i hat sich das u erhalten, das unter Einfluss von folgenden dumpfen Vokalen zu o gebrochen wurde) [ebenso bricəlė N. „Bröckelein“]; — dricnə (mhd. trückenen) [dazu ådricnə „abtrocknen“]; — clic N. (mhd. gelücke, synkopiert glücke); — peric F. (im 17. Jh. entlehnt aus frz. perruque, it. perruca und parruca [entstellt aus pilucca, poluca von pilus „Haar“]); — šliclė N. (Dim. von mhd. sluc, slücke); — vor ff: bifl M. (mhd. büffel, entlehnt aus frz. buffle, lat. bubalus); — vor ll: filė N. (mhd. fullin, Nebenform von vülin, ahd. fulîn); — filə (mhd. vüllen, ahd. fullen) [dazu filė F. „Füllsel von Speisen“]; — cilə F. „Jauche“ (mhd. gülle „Lache, Pfütze“); — milr M. (durch Assimilation von ln zu ll aus mhd. mülnære mülner); — vor pf: dibfəlė N. „Tüpfelein“ (älter nhd. tupf, das auf mhd. topfe, ahd. topfo beruht), [dazu wohl difdələ „pünktlich arbeiten mit dem Nebenbegriff des Kleinlichen, nachgrübeln“, ebenso difdəlė, difdələr, difdəclė „Mensch, der feine Arbeiten ausführt, auch Grübler, kleinlicher Mensch“]; — cnibfə (mhd. knüpfen, ahd. knupfen); — šlifrix (statt šlibfrix von spät mhd. slupferic); — vor pp: dibl M. „dummer Mensch, Tölpel“, auch in ðėmdəlibl bəərə (mhd. tuppel, Nebenform von mhd. tübel, ahd. tupili tubila „Pflock, Zapfen, Nagel“; die Rohrdommel heisst ahd. horatupil horodubil, mhd. horetubel hortybel, der Vogel wird auch „Tölpel, Dummkopf“ genannt, weil man glaubt, er verteidige sich auf einfältige Weise gegen seine Feinde, s. Grimm 2,

1199); — gribl M. „Krüppel, kleiner Mensch" (mhd. krüppel, kam aus dem Ndd. in's Hochdeutsche, ndl. kreupel, mittelengl. angls. cryppel, engl. cripple); — šib F. (erst nhd., nach dem ostmd. ndd. schüppe); — siblė N. (Dim. von spät mhd. suppe); — vor rr: dir (mhd. dürre, ahd. durri); — q'isė N. „Kissen" (mhd. küssen küss'n, ahd. chussîu); — q'isǝ „küssen" (mhd. mndd. kussen, ahd. chussen); — vor tt: bidm F. „Bütte, Kufe" (mhd. bütte büte, ahd. butin); — didlė N. „weibliche Brust" (mhd. tüttelin, Dim. von tutte); — hid F. (mhd. hütte, ahd. hutta); — šidǝ (mhd. schütten schüten, ahd. scutten scuten); — šidlǝ (mhd. schütteln schütelen); — vor tz: bfids F. (mhd. pfütze, ahd. pfuzzi pfuzza); — bidš F. „grosse Blechkanne" (mhd butze butsche „Gefäss, Salzkufe"); — exids „unbrauchbar, schlimm, verderbt", verstärkt lödǝexids „durch und durch schlecht" aus „kein nütze" (mhd. nütze „nützlich"); — šdids F. „Stütze", auch fig. (mhd. stütze); — šids M. (mhd. schütze, ahd. scuzzo); — vor ʒʒ: cis M Pl. (mhd. ahd. Sing. guʒʒ); — šis M. Pl. (mhd. schuʒʒ, ahd. scuʒʒ); — šisl F. (mhd. schüʒʒel, ahd. scuʒʒila):

c. vor sonstiger Doppelkonsonanz und zwar

vor bsch: 'ibš (mhd. hübsch); — vor lp: šdilbǝ (aus dem Ndd., ndl. stulpen „mit einem Deckel bedecken"); — vor lz: 'ildsė (mhd. hülzîn): — vor rb: firbǝ „reinigen, putzen, fegen" (mhd. vürben); — q'irbs M., i nach b fällt aus (mhd. kürbiʒ, ahd. churbiʒ); — vor rf: cxirfǝ „knirschen" (mit mhd. knarpeln „mit den Zähnen knirschen" zusammenhängend); — širfǝ (mhd. schürfen schürpfen, ahd. scurfen); — "irf M. Pl. (mhd. ahd. Sing. wurf); — "irfl M. (mhd. würfel, ahd. wurfil); vor rh: firxdǝ (mhd. vürhten, ahd. furihten): — vor rg rk: birgǝlė N. „kleine Bodenerhebung" (mhd. bürgel = burc-stal „Burghügel"); — birgr M., auch burgr (mhd. burger burgaere); — dirg M. (mhd. Turc Turke Türke); — vor rm: dirm M. Pl. (mhd. Sing. turm turn, ahd. turra turris, entsprechend lat. turris); — šdirm M. Pl. (mhd. ahd. Sing. sturm); — vor rn: frdsirnǝ (aus mhd. zürnen, ahd. zurnen); — vor st: grišd N. (mhd. gerüste, ahd. girusti); — vor tsch in midšǝlė N. (mhd. mütschelin).

3. i kommt in unbetonter Silbe vor, meist i entsprechend, und zwar

a. vor der Tonsilbe: biled N. „Billet"; — brifǝléciõm N. „Vorrecht"; — difǝdiorǝ „dividieren"; — dribǝliorǝ „plagen, drängen" (aus frz. tribou(il)ler, lat. tribulare); — dsirèsc F. „Syringe"; — filǝiχd „vielleicht"; — fikâr M. „Vikar"; — fisǝdadsiõ F. „Visitation"; — kãmisôl N. „Hinterteil" in skãmisôlfr'aoǝ; — miaoǝ „miauen"; — mis'ãndlǝ „misshandeln"; — misrâbl „elend"; — radikâl (häufiger radǝkâl); — statt iǝ vor Vokalen (vor Konsonanten bleibt iǝ, in Pausastellung zweisilbig i-ǝ): hiõndǝ „hie und da", "idr „wie er", "iẽm „wie ihm" [dagegen "iǝdû „wie du", r"ǝesdeduĩǝ „er weiss nicht wie"];

b. nach der Tonsilbe, und zwar

in der Endung iχ (das ältere ic verschwindet mehr und mehr), meist mhd ic ec entsprechend: ãõgadiχ „unverträglich, ungut" (mhd. ungattet Part. Adj. „ungleich gearbeitet, gegerbt"; ãõsǝliχ in ãõsǝliχr médiχ (s. ãõ); babiχ „klebrig" (aus mhd pappe „Kinderbrei"); bìriχ „kaum" (von mhd. bar „bloss"); bfẽrãdiχ M. (mhd. pfërsich); bluadiχ (mhd. bluotec); bugǝliχ (mhd. buckeleht); dẽbfiχ (mhd. dampfec dempfec); draeciχ (von mhd. drëe); eciχ (mhd. eckeht); ė"ic (mhd. èwig); farbiχ (mhd. var vare, flekt varwer varber varer); fliaciχ „fliegend"; fõdr'ẽndiχ, vom Sattelgaul, sowie „argwöhnisch" im Gegensatz zu dsndr'ẽndiχ, vom Handgaul, auch „zutraulich" (von mhd. handec hendec); fufdsicšd [aber fufdse] „fünfzigste", ebenso sæχdsicšd [aber sæχdse] etc.; gliic (mhd. glüendic); cxõbliχ M. (mhd. knobelouch); godsic „einzig" (aus gotteinzig); 'aodsiχ F. (mhd. hôchzît); 'ẽdšiχ M. (mhd. hant-schuoch); 'ǝriχ „haarig, geizig" (von mhd. ahd. Subst. hâr); 'uiric (mhd. hiurec); q'ẽmiχ M. (mhd. kümel); q'ẽnic M. (mhd.

künic); ladiχ M. (mhd. lattech); lendiχ M. „Stadtteil am Fusse des Georgenbergs" (von mhd. lint „Schlange"); mæəliχ (mhd. mëlwic); mänsic „stolz"; naediχ (mhd. nœtic, nôtec); ǒsdliχ, auch ňnšdliχ, ǒršdliχ, alt ňǒšdliχ N. (mhd. unslit); riəbiχ „ruhig" (mhd. ruowic); sådiχ (mhd. sandic); sælbiχ (mhd. sëlbic); šdæriχ „was storrt, auch halsstarrig" (störrig ist erst nhd., von mhd. storre); šlæciχ (mhd. slëchaft); šnəidiχ (mhd. snîdic); hieher stellen wir auch sǒndiχ M. (mhd. sun-tac) [ebenso mědiχ, däešdiχ, dǒršdiχ, frəidiχ, sämšdiχ, ᵘæ̈rdiχ „Werktag", ceršdiχ mhd. gëstern, got. gistra-dagis]; wüsəliχ „behend, flink";

in der Endung -icə weniger Verben: bèndicə (vom mhd. Adj. bendec); q'ǒndicə (vom mhd. Adj. kündec);

in der Endung lich, mhd. Adj. -lich, Adv. -liche: dəidliχ (mhd. Adv. diutec-lîche); èndliχ (mhd. Adj. ende(c)lich, Adv. ende(c)lîche); frəiliχ (mhd. vrîlîche); rbærmliχ (mhd. erbermeliche); šdræ̌fliχ (mhd. stræflich); šrecliχ (mhd. schric-lich);

in der Endung isch: q'èndiš (mhd. kindisch); kadǒliš; šbäniš etc.;

in der Endung nis: dsəicnis N. (mhd. ziugnüsse); cfèšnis N. (mhd. gevencnüsse);

in der Endung is zur Bezeichnung von Spielen: bǒnis „Spiel mit Bohnen"; fäŋis „Fangspiel"; clugis „Spiel mit Marbeln"; lǒndis „Spiel mit aufgerollten Taschentüchern, deren jedes im Spiel lǒndəs genannt wird und die durch die gespreizten Beine eines Mitspielenden geworfen werden"; rǒnsis „Spiel mit Hosenknöpfen"; šlubfis „Versteckspiel";

endlich sonst nach betonter Silbe, meist in Fremdwörtern, wobei i meist schriftdeutschem i entspricht: ämèrikä; bošdiliǒ M. „Postillon"; brəidicäm M. (mhd. briutegome, ahd. brûtigomo); brèdiχə (mhd. predigen); gǒmi M. „Gummi"; kuricus M. „Chirurg"; əuricəlè N. „Aurikel" etc.

4. Schreibweise nach den von Reutlingern geschriebenen Urkunden (dieselbe schwankt bisweilen zwischen i, y und ü und in den Wörtern auf -nis tritt im 16. u. 17. Jh. noch -nuss auf): 1596 Irdumbs, 1598 umb wyllen, 1598 kürch, 1598 Gefängnuss, 1598 mith, 1599 Zeugnuss, 1599 viebenlich, 1600 pitt, pitten, 1602 Zeugnuss, 1602 Witib, 1607 hilff, 1615 pitt, 1621 öwig, 1676 fisedihrt, 1684 biss, hilff, ich bitt, 1685 Erlaubnus, 1685 Geschwistrig, Bütte „Bitte", Obrügkeit, 1730 freinliches bitten, 1783 Zwilch, ein trilchinen Pfulben, Kissin „Kissen", Spithal, beditten „aufmerksam gemacht", verwittibt, würklich.

§ 14. è entspricht

1. mhd. e, dem Umlaut von a. Man hat für den Uebergang von a zu mundartlichem è e, æ̀ æ zwei Umlautperioden zu unterscheiden. Die erste Umlautperiode verwandelte a in è e, das Resultat des jüngeren Lautwandels dagegen war æ̀ æ (s. Kauffmann, Mundart von Horb p. 6). Namentlich erscheint innerhalb der Flexion stets è e, wo der Umlaut ein ursprünglicher ist, aber æ̀ æ, wo die Umbildung ohne folgendes i oder gegen die oberdeutsche Umlautregel, nach welcher der Umlaut vor ht, hs, l + Kons., r + Kons. unterbleibt, erst in jüngerer Zeit eindrang (s. Bohnenberger, württ. Korr.-Bl. 1887, p. 508):

a. vor einfacher Konsonanz ausser p und t:

ǎnèclə z. B. in mirdæ̌ndfèŋr ǎnèclə „ankleben, von nassen Fingern etc., die ein sehr kaltes Stück Metall berühren" (mhd. nagelen negelen „nageln heften") [nagelu — näclə]; — becècnə (mhd. begegenen begagenen); — bèr M. (mhd. ber, ahd. beri); — blèel M. (mhd. vlegel, ahd. flegil); — brèdicə (mhd. predigen bredigen, ahd. predigôn bredigôn, Entlohnung aus dem kirchl. lat. gemeinroman. prædicâre); — drèclè „essen und trinken", am Ostermontag trugen die Kinder früher Eier auf den Markt und für das daraus erlöste Geld kauften sie sich Esswaren und Getränke (mit mhd. tregede F. „was getragen wird“ und tregel „Träger“ zusammenhängend); — dsélɔ (mhd. zeln zelen) [dazu frdsélɔ „erzählen und verzählen“, ebenso dsélšd, dséld 2. und 3. Pers. Sing. Præs. Ind. (mhd. Inf. zaln, ahd. zalôn)]; — dsérɔ (mhd. zeren zern verzern) [dazu frdsérɔ „verzehren“. ɔusdsêrɔ „schwindsüchtig sein“]; — èc F. (mhd. egede, ahd. egida), ècɔ (mhd. egen); — êlènd Adj. und N. (mhd. el-lende, ahd. eli-lenti „verbannt, in der Fremde“); — êrn M. (mhd. eren ern); — êsl M. (mhd. esel, ahd. esil); — ê ic(χ) (mhd. êwig, ahd. êwig); — cègɔ Präp. (mhd. gegen, ahd. gegin gagan) [dazu drcêgɔ „dagegen“]; — cêgɔd F. (nachklass. mhd. gegende); clésɔ Adj. „von Kartoffeln, wenn sie wässerig sind und beim Durchschneiden wie Glas glänzen (mhd glesin „von Glas“); — clêsr N. Pl. (mhd. ahd. Sing. glas); — gracélɔ „schreien, lärmen“ (erst nhd., vgl. ndl. krakeel); — grêbr N. Pl. (mhd. ahd. Sing. grab); — grésr N. Pl. (mhd. ahd. Sing. gras); — gᵘêr N. (mhd. gewer, ahd. giwer); — 'ébɔ (mhd. heben heven, ahd. heffan hevan); — 'ègɔbuds F. (mhd. hagenbutz); — 'èc-isɔ F. Pl. „Wiesen am Fusse der Achalm“ (von mhd. hac-ges „Gebüsch, Einfriedigung“); — 'ér N. (mhd. here, ahd. heri); — 'érbèrg F. (mhd. herbërge, ahd. hëri-bërga); — léᵘè M. „Löwe als Tier“, auch das 2. è ist lang! léɔ M. „Löwe als Wirtshaus“ (mhd. lewe, auch lëwe, louwe, löwe); — q'érɔ „fegen“ (mhd. keren kerjen, ahd. cherian cheren); — Kåmél N. „Kamel, dummer Mensch“ (aus lat. camêlus, die mhd. Form war kemmel kémel); — q'éd „gehabt“ (mhd. geheb(e)t, Nebenform von gehât); — q'éfiχ N. (mhd. kefig. Nebenform von kevje, ahd. chevia); — lèdiχ (mhd. lëdic lëdeg, ahd. fehlt); — légɔ (mhd. ahd. legen); mégɔ Inf. und Part. (mhd. megen magen, Nebenformen von mügen) [mécè (neuer mégɔd), mégɔd, mécè (neuer mégɔd) Pl. Præs. Ind. (magen megen etc., Nebenformen von mügen etc.); méc, mécešd etc. Præs. Konj. (mhd. mege etc., Nebenformen von müge etc.); mécliχ (mhd. megelich neben mügelich, ebenso frmêgɔ N. „Vermögen“]); — mélšd méld 2. und 3. Pers. Sing. Ind. von mahlen (mhd. Inf. malen maln, ahd. malan); — mér N. (mhd. mer, ahd. meri, älter mari); — mésnr M. (mhd. mesnære, aus spät ahd. mesinâri von mlat. musinarius für mansionarius); — nécl M. Pl. (mhd. Sing. nagel, ahd. nagal); — réd F. (mhd. rede, ahd. redia reda); rédr N. Pl. (mhd. rat, Gen. rades, nhd. rad); — régɔ (mhd. regen); — šébiχ „krätzig. abgetragen von der Kleidung, geizig“ (mhd. schebic von schaben); — šélɔ (mhd. schelen von schale); — šlécl M. (mhd. slegel, ahd. slegil); — šléšd, šléd (2. und 3. Pers. Sing. Præs. Ind. von mhd. slahen, ahd. slahan); — šréc (mhd. schrege); — sébl M. (spät mhd. sebel sabel, scheint mit frz. engl. sabre, it. sciabla aus dem Osten zu stammen); — šᵘérɔ (mhd. swern swerjan, ahd. sweren swerion); — ᵘélɔ (mhd. welen weln aus wal); — ᵘérɔ (mhd. wern, ahd. werian weren);

b. vor Doppelkonsonanz und zwar

vor rt: férdiχ (mhd. vertic vertec zu vart, ahd. fartig); — cérd F. (mhd. gerte, ahd. gartia); — 'érd (mhd. herte hart Adj. harte Adv., ahd. herti harti hart Adj. harto Adv.); — vor rz: q'érds F. (mhd. kerze, ahd. cherza (charza)); — mérds M. (mhd. merze, ahd. merzo marzeo); — šᵘérdsɔ (mhd. swerzen von mhd. ahd. swarz), ebenso Komp. u. Sup. šᵘérdsr, šᵘérd(sɔ)šdɔ; — é steht ferner in folgenden Fremdwörtern: abɔdéc F. „Apotheke“; — ɑcsdrêmɔdédr M. „Alleswisser, Gescheidle“; — alé F. (frz. allée); — alfɔbéd N. (von Alpha und Beta); — armé F. „Haufen“; — barɔmédr M. „Barometer“; — brifɔléeiɔm N. „Vorrecht“; — brofêd M. „Prophet“; — dabéd F. „Tapete“ (frz. tapis von lat. tapes) [auch „ɔufsdabédbrèsɔ“ nach frz. mettre sur le tapis]; — drɔmbéd F. (beruht auf dem Roman., frz. trompette, it. trombetta, mhd. trumbet trumet); — fadsɔnédlê N. „Taschentuch“ (it. fazzoletto); — filédɔ oder filédšdriɛɔ „netzartiges Gewebe herstellen“ (von frz. filet); — ceɔmédr M. „Geometer“; — 'ibɔdéc F. „Plunder“ in dɔ'ɔsdegɔ̃ns'ibɔdéc „da hast du den ganzen Plunder"; — ƙadèdr M. „Katheder"; — ƙafé M. (frz. café, engl. coffee, ndl. koffij koffi, aus Arab. qahuah „Wein, aus Beeren gekochter Trank", anfangs herrschte, da der Kaffee von England und Holland nach Deutschland kam, die Form coffee, im 18. Jh. drängte sich das frz. café vor); ƙōmédè F. „Schaubude" (erscheint zuerst im 15. Jh., frz. comédie, it. commedia, lat. comœdia); — racéd F. „Rakete"; — šbèdsl M. „spezieller Freund"; — salbèdr M. „Salpeter"; — salfāuèdlē N. „Serviette" (it. salvietta); — sèlā in āmnsèlā „Amen Sela" und in sèlābædš „Familienname Bertsch"; — tè M. (erst nhd., wie frz. thé, ndl. thee, engl. tea aus chines. the); sowie in den Eigennamen: dānèl „Daniel", dôrodè „Dorothea", éfā „Eva", éfogréd „Eva Margaretha", éfosāndl „Eva Susanna", grédl „Margaretha", lisəbéd „Elisabeth", fédôr „Theodor"; ĕndrés „Andreas", ferès „Therese", in den beiden letzten steht é nach der Tonsilbe;

2. mhd. ö, Umlaut von o, namentlich in Plural-, Komparativ- und Diminutivformen, und zwar

a. vor einfacher Konsonanz:

bèdə M. Pl. (mhd. Sing. boden bodem, ahd. bodam); — bécə M. Pl. (mhd. Sing. boge, ahd. bogo); — bèclə „bügeln" (von mhd. bogen?); — dèrlē N., Dim. von Dorothea; — drèc M. Pl. (mhd. ahd. Sing. troc); — èfə M. Pl. (mhd. Sing. oven, ahd ovan); — èl N. (mhd. öle öl ole ol olei, ahd. olei oli); — fèel M. Pl. (mhd. Sing. vogel, ahd. fogal), — fèlr Komp. (mhd. Pos. vol, ahd. fol); — cxèdlē N. „Knöchel" (mhd. knödel zu knode knote „natürlicher Knochen am menschlichen Körper"); — 'èf M. Pl. (mhd. ahd. hof); — 'èslè N. (von mhd. hose); — q'èχ M. Pl. (mhd. koch, ahd. choch (hh); — ᵘèlr Adj. Adv. Komp. (mhd. Adv. wol, ahd. wola);

b. vor ht in dèχdrə F. Pl. (mhd. ahd. Sing. tohter); — mèχd Praet. Konj. (mhd. möhte); hiezu kommen noch die Fremdwörter: ĕnšénér M. (frz. ingénieur, span. ingenio „Kriegsmaschine", mlat. ingeniātor); — kōndugdèr M. (frz. conducteur, lat. conductor); — mèbl N. (frz. meuble von lat. mobilis);

3. ausnahmsweise

a. mhd. ë oder i in

bèbə (mhd. biben, ahd. bibēn); — bfèršdiχ M. (mhd. pfërsich, seit 12. Jh. bezeugt aus lat. persicum); — dsèd Num. ord. (mhd. zëhende, zëhente, zënde) [„Zehnte als Subst. Markung, Abgabe", heisst alt dsèəd, neuer dsæəd und neuestens dsæəd, ebenso drəidsè (mhd. dri-zëhen, drizën), fufdsè, axdsè etc]; èbə Adj. (mhd. ëben, ahd. ëban); èndᵘèdr (mhd. eintwëder, ahd. ein-de-wëder); rèel F. (mhd. rëgel rëgele, ahd. rëgula); — ᵘèlr Pron. interr. (von mhd. wëlch wëlh wël); — ᵘèršdiχ M. „Wirsing" (erst nhd. bezeugt, von lombard. versa „Wirsing", welches auf lat. viridia „Gartengewächse" zurückgeführt wird);

b. mhd. ê in

basdéd F. „grosse Kuchen, in welche schmale, aber ziemlich grosse Stücke Kalbfleisch, namentlich Nierenbraten eingelegt sind" (mhd. pastête pastêde, aus mlat. pastāta); — rè N. (mhd. rêch, Gen. rêhes, ahd. rêh);

c. mhd. œ, Umlaut von ô, in

drèšdə [draešdə ist fast veraltet, dagegen sagt man noch allgemein draošd „Trost"] (mhd. trœsten, ahd. trôsten); — dsèc Praet Konj., dafür auch dædsiə (von mhd Inf. ziehen); — èrlē N., Dim. von aor (mhd. ôre, Dim. ôrelin, œrelîn); — flèd F. (mhd. flœt, Nebenform von floite vloite, aus afrz. flaüte, lat. flatus); — q'èriχ (mhd. ge-hœrec) [hören = 'aerə, gehören = ƙaerə]; — lèdə (mhd. lœten von lôt); — ƥèrə „Memoriertes abhören" (von mhd. hœren, ahd.

hören); — rêslê N., Dim. von Rose (mhd. rôse, ahd. rôsa) und von Rosine; — šdêsr M. „Pulswärmer aus Wolle, von der Handwurzel rückwärts einen Teil des Vorderarms bedeckend" (von mhd. stôȥen „stossen, stecken, schieben");

d. in den kontrah. Formen:

betont dês „dieses" z. B. dês q'ênd „dieses Kind"; betont dêš „das ist" z. B. dêšguəd „das ist gut";

e. fremder Eigennamen mit ê vor Vokal:

mafê-i in mafêišmledšdз „es geht dem Ende zu".

4. Schreibweise: 1518 zehenn, 1578 mögenn, 1593 Dechterlen, 1593 öewig, 1600 öwig, 1603 kehr „gehöre", 1615 öwigkheit, 1615 Ellender, 1621 öwig. 1669 Ellendt, 1669 Appoteckher, 1676 apodegr, 1677 öwig, 1685 müglich, 1763 Pflegel.

§ 15. e entspricht

1. mhd. a, resp. dem Umlaut desselben e (über ältere und jüngere Umlautsperiode s. § 14, 1), und zwar

a. vor p und t:

ræpên F. (mhd. rëp-henne); — bledr N. Pl. (mhd. blat, Pl. blat blate bleter); — fedr M. (mhd. veter vetere „Vatersbruder, Brudersohn", ahd. fetiro faterro fatureo „Oheim"); — 'ed, 'edešd etc. Praet. Konj. (mhd. hete hette, Nebenformen von hæte); — q'edn F. (mhd. keten ketene, ahd. chetina chetinna, Lehnwort aus lat. catêna); — šded F. Pl. (mhd. stat „Stätte, Stadt");

b. vor Geminata und Affricata und zwar

vor ch: deχr N. Pl. (mhd. dach, ahd. dah); — feχr M. (erst nhd., Dimin. von mhd. vach „Schleier"?) [sollte als neu æ haben; bekam e nach Analogie der neutr. Plur. auf er, spez. dem gleichlautenden neutr. Plur.]; — feχr N. Pl. (mhd. vach, ahd. fah(h)); — 'eχd M. (mhd. hechet hecht, ahd. hehhit hahhit); — vor ck: bec M. (mhd. becker); — blecз „Zähne blecken" (mhd. blecken, ahd. blecchen); — decз (mhd. decken, ahd. decchan) [ebenso decê F. „Decke" und decl M. „Deckel"]; — ec N. (mhd. ecke, ahd. ekka); — fərecз (mhd. selten verrecken „die Glieder starr ausreckend verenden"); — 'ec F. (mhd. hecke, ahd. hecka hegga); — šdecз (mhd. ahd. stecken) [dazu bšdec N. „Besteck, von Messern, Gabeln, Löffeln"]; — šdrecз (mhd. strecken, ahd. strecchen); — šmecз „schmecken, auch riechen, sowie übel riechen vom Fleische" (mhd. smecken smacken, ahd. smecchen „Geschmack empfinden", smacchên „Geschmack von sich geben"); — šreclįχ (von mhd. schrecken „in Schrecken setzen"), ebenso aufšrecз „aufschrecken", sowie fršrecз trans. V. „erschrecken" [das Subst. heisst šræc, ebenso das intr. V. fršræcз]; — sec M. Pl. (mhd. sac, Gen. sackes, ahd. sac, Lehnwort aus lat. saccus); — uec M. (mhd. wecke, ahd. wecki); — vor ff: deflз „hauen" (hängt wahrscheinlich mit „täffern vertäfern" zusammen, von mhd. täffel, Nebenform von tavel, vgl. nd. dævern, ndl. daveren „zittern, erschüttert werden"); — hefз F. (mhd. heffe, Nebenform von heve); — lefl M. (mhd. leffel, ahd. leffil lepfil); — šefl M. (mhd. scheffel, ahd. sceffil); — vor ll: brelз „laut weinen" (mhd. prellen „brüllen"); — felšd, feld (2. und 3. Pers. Sing. Praes. Ind. vom mhd. Inf. vallen, ahd. fallan); — cnelз „mit der Peitsche knallen, mit Schall platzen" (mhd. knellen „mit einem Schall zerplatzen"); — cseI M. (mhd. geselle, ahd. gisello); — 'el F. „Hölle, auch derjenige Teil eines von aussen zu heizenden Ofens, welcher den Feuerherd mit dem eigentlichen Ofen verbindet" (mhd. helle, ahd. hella); — šdelз (mhd. ahd. stellen), dazu cšdel N. „Gestell", sowie bšdelɔ „bestellen"; — šuel F. (mhd. swelle, ahd. swelli); — uelɔ Inf. und Part. (mhd. wellen wollen, ahd. wellan wollan) [auch Pl. Praes. Ind. uelɔ, uelɔd etc, Pl. Imp. uelɔd! Praes. Konj. uel, uelešd etc., Praet. Konj. ued, uedešd etc.]; — uelɔ in fruolɔ „die Milch verwellen, sieden" (mhd. wellen „wallen machen, zum Sieden bringen"); — vor pf: debfrr, das zweite r ist silbenbildend, Komp. „rascher" (mhd. tapfer, ahd tapfar); — ebfl M. Sing. und Pl. (mhd. apfel, ahd. apful, Pl. epfili); — šebfɔ (mhd. ahd. schepfen); — vor pp: debiχ M. (mhd. ahd. teppich, die Nebenformen mhd. ahd. teppid teppit weisen auf it. tappeto, lat. tapētum); — šlebɔ (schon mhd. V. des Md. Ndd., vgl. ndd. ndl. slepen); — vor rr: šberɔ (mhd. ahd. sperren); — vor ss: clesɔ „die Augen aufreissen" (mhd. klessen, Nebenform von klrʒen „mit einem Keil trennen, auseinander reissen"); — gresiχ M. (mhd. kresse, ahd. chresso M., chressa F.); — vor tt: bed N. (mhd. bette bet, ahd. betti beti); — dsedl M. „Kette eines Gewebes" (mhd. zettel zu mhd. ahd. zetten „ausbreiten") [das auf mhd. zedele zurückgehende Zettel „Blatt Papier" heisst dsædl]; — redɔ (mhd. ahd. retten); — ued F. (mhd. wette wete wet(t) N. F., ahd. wetti weti N.) [ebenso uedɔ]; — vor tz zz: gredsɔ (mhd. kratzen kretzen, ahd. chrazzôn); — csedz N. (mhd. gesetze); — 'edsɔ (mhd. ahd. hetzen); — medsgr M. (mhd. metzjære metzjer, in mhd. Zeit herübergenommen aus mlat. macellarius) [ebenso medsgɔ]; — neds N. (mhd. netze, ahd. nezzi); — sedsɔ (mhd. setzen, ahd. sezzen); — uedsɔ (mhd. wetzen, ahd. wezzen); — vor ʒʒ: besr (mhd. beʒʒer, ahd. beʒʒiro); — q'esl M. (mhd. keʒʒel, ahd. cheʒʒil); — ledšd (mhd. leʒʒist lest, Sup. zu Adj. laʒ, ahd. leʒʒist laʒʒôst; die nhd. Form scheint aus dem Ndd. zu stammen, wo letist und lezt entstehen musste); — nesl F. (mhd. neʒʒel, ahd. neʒʒila); — nesɔ F. (mhd. neʒʒe, ahd. neʒʒi); — nesr Komp. (mhd. naʒʒer von naʒ);

c. vor sonstiger Doppelkonsonanz und zwar

vor ft: 'efd N. „Heft zum Schreiben, Griff am Messer etc." (mhd. hefti, ahd. hefti); — vor hs: uešd, uesd (2. und 3. Pers. Sing. Praes. Ind. von mhd. wahsen, ahd. wahsan; der Inf. uäsɔ veraltet mehr und mehr); vor lb: q'elbr N. Pl. (mhd. Sing. kalb, ahd. chalb); — uelbɔ (mhd. ahd. welben), dazu guelb N. (mhd. gewelbe); — q'elχ M. (mhd. kelch kelich, ahd. chelih kelih(h), aus lat. calicem (calix) entlehnt zu einer Zeit, wo noch kalikem gesprochen wurde); — vor ld: beldr (Komp. von mhd. bald); — 'eld M. „gesunde Person" (mhd. helt, Gen. heldes, spät ahd. held); — vor lf: duelf (mhd. zwelf zwelif, ahd. zwelif); — vor ls: felsɔ M. (mhd. velse vels, ahd. felis M. felisa F. [dazu felsɔq'ærlē M. „starker, gesunder Mann"]; — vor lt: eldr Pl. (mhd. selten eltern altern, ahd. eltiron altron); — q'eldē F. (mhd. kelte kalte) [ebenso q'eldr „kälter", sē-frq'eldɔ „sich erkälten"]; — vor lz: bels M. (mhd. pelz belz belliʒ, ahd. pelliʒ, aus mlat.-roman. pellicia) [dazu belsē „pelzig" von Rettichen, wenn sie vertrocknet und schwammig sind, auch von Körpergliedern, wenn sie „eingeschlafen" sind (von mhd. belʒ pelʒ in der Bedeutung „schwammiges Fleisch")]; — erb M. (mhd. erbe, ahd. erbio arbeo) [ebenso erb N. (mhd. erbe, ahd. erbi arbi), sowie erbɔ „erben" und erbšafd F. „Erbschaft"]; — frderbɔ (mhd. verderben); — 'erbšd M. „Jahreszeit, auch Weinlese" (mhd. herbest, ahd. herbist); — vor rc rch: (mhd. lerche); — šdergr (Komp. von mhd. starc starch, ahd. starc starah) [ebenso šdercē F. „Stärke"]; — vor rg: ergɔrɔ (mhd. ergern, ahd. ergirôn argirôn); — vor rk: mergɔ (mhd. ahd. merken); — erl F. (mhd. erle, ahd. erila); — erml M. (mhd. ermel, ahd. ermilo armilo); — šuermr M. „eine Art Feuerwerk" (erst nhd., von mhd. swarm, ahd. swaram); — uermɔ, auch guermɔ (mhd. wermen warmen) [ebenso uermer „wärmer", uermē F. „Wärme"]; — vor sch: lešɔ (in dem nhd. V. sind das intr. mhd. lëschen und das trans. V. leschen zusammengefallen); — ueš F. (mhd. wesche) [waschen heisst uašɔ]; — vor st: bšešd(ɔ)rɔ „die Strasse pflastern“ (von mhd. pflastern pflesᵗern, in dieser Bedeutung erst gegen das Ende der mhd. Zeit gebraucht); — mešdǝ (mhd. ahd. mesten); — drešdr M. (mhd. trester, ahd. trestir); — fešd (mhd. vest veste, ahd. festi); — nešdl M. (mhd. nestel, ahd. nestilo M., nestila F.);

2. mhd. ë und i

in šᵘešdr F. (mhd. ahd. swëster); — ce(r)šdiχ, auch cešd u. cešdǝd (mhd. gëstern gëster gësternt, ahd. gëstaron), und ed, am Schlusse des Satzes auch edǝ (mhd. niht);

3. mhd. ö, Umlaut von o, und zwar

a. vor t: dedè M. „Pate“ [Patin = dodǝ, Frau des Paten = dedesbīᵉs] (mhd. dote totte); — dedr M. Pl. (mhd. Sing. toter, ahd. totoro): —

b. vor Geminata und Affricata und zwar vor ch: bleclè N. (Dim. von mhd. bloch) [dazu bleclesƙobf „Dickkopf“]; — feχǝdelè N. „Dreinbrot“ (Dim. von mhd. vochenze „eine Art Kuchen oder Weissbrot“): — cxeχlè N. „Fingerglied, Teil eines Schweinsbeines“ (Dim. von mhd. knochen, Dim. knöchel): — q'eχè (mhd. köchinne); — leχr N. (Pl. von mhd. loch, ahd. loh); — vor ck: bec M. Pl. „Böcke, auch Fehler“ (mhd. Sing. bock, ahd. boc; Bock „Fehler“ erst nhd. scheint eine scherzhafte Umdeutung, die durch nhd. Verstoss = Fehler veranlasst wurde) [ebenso beclè „Böcklein“]; — cleclè N. (Dim. von mhd. glocke, ahd. glocka); — leclè N. (Dim. von mhd. loc-ckes, ahd. loc); — reclè N. (Dim. von mhd. roc-ckes, ahd. rocch) [ebenso rec „Röcke“]; — šdec M. Pl. (mhd. Sing. stock stoc, ahd. stocch stoc) [ebenso šdeclè „Stöcklein“]; vor ll: dsel M. (Pl. von mhd. zol-les); — melè, auch molè M. „Dickkopf“ (im 16. Jh. erscheint mollicht mollecht „weich, locker“ die ältere Form scheint mhd. molwec, stammverwandt mit ahd. mol-ta „lockere Erde“; ganz ohne Beziehung zu frz. mol, lat. mollis); — vor pf pp: brebfr M. Pl. (erst seit letztem Jh. bezeugt, von ndd. propp, ndl. prop „Stöpsel“, dazu engl. prop „Stütze“); — dsebf M. (Pl. von mhd. ahd. zopf); — feblǝ „foppen“ (erst früh nhd. aus rotwelsch); — cxebf M. Pl., ebenso cxebflè „Knöpflein, auch eine Mehlspeise“, šnèdǝcxebflǝ „grosse Klösse“ (von mhd. knopf); — clebfǝ „hauen“ (mhd. klopfen, ahd. chlopfôn); — q'ebf M. (Pl. von mhd. kopf, das jüngere Wort für das ältere Haupt, das erst im Nhd. entschieden über letzteres gesiegt hat); — šdebsl M. „Stöpsel, Ladstock“ (erst nhd. Ableitung zu mhd. stopfen); — šeblǝ „in verschiedenen Gasthäusern einen Schoppen trinken, stark trinken“ (von „Schoppen“ erst nhd. nach ndd. schopen); — vor tt: šbedlǝ (von mhd. spotten) [ebenso ǝšbed N. „Gespötte“]; — vor tz z: ceds (mhd. götze); — cleds M. (Pl. von mhd. kloz); — vor ʒʒ: šlesr N. (Pl. von mhd. sloʒ -ʒʒes); —

c. vor sonstiger Doppelkonsonanz und zwar

vor lp für rp in delbl M. „dummer Mensch“ (mhd. törpel dörpel, eigtl. dörper dörpære „Dorfbewohner, Bauer“); vor lz: helslè N., dsèndhelslè N. (der erste Laut d von z fällt nach l aus; von mhd. holz); — vor rch: šderx, šderg M. (Pl. von mhd. storch storc); — vor rd: merdr M. (mhd. mordære morder mörder); — vor rst: feršdr M. (mhd. forstære forster); — vor st: q'ešdǝ Pl. „Kosten“, ūōq'ešdǝ Pl. „Unkosten“ (von mhd. koste kost, ahd. kosta).

4. e wird in unbetonter Silbe gebraucht. Dabei ist zu bemerken, dass e nur dann rein bleibt, wenn es in den Inlaut zu stehen kommt und unmittelbar nichtnasale Konsonanz folgt; im Anlaut, in Pausastellung und vor nasalen Konsonanten wird e zu è; man sagt z. B. èdeᵘaibr „den Weibern“, aber èdèmānǝ; vor Vokalen bleibt stets Pause, wenn sie auch noch so kurz ist: èdè-aldeᵘeibr „den alten Weibern“.

a. e (è) steht vor der Tonsilbe in de, häufiger ède, Dat. Pl. des best. Art. z. B. èdeq'èndr „den Kindern“: — de „du“ unbet. z. B. debeχšd „du backst“, ōbdeᵘelešd „ob du wollest"; — se „sie" unbet. Pron. pers. Sing. u. Pl. z. B. i'ãðsecsèə „ich habe sie gesehen", se'i'ebəd „sie haben" Konj.: — se „sich" unbet. Pron. refl. z. B. r'əsecšnidə „er hat sich geschnitten"; — e „ich", wenn es inlautend und unbetont auftritt, z. B. ôbekõm „ob ich komme", ôbeduər „ob ich thue", lôbedi̇eən „lobe ich diesen", soledèsdôə „soll ich dies thun"; — des „dieses" unbet. Pron. dem. N. Sing., z. B. desdirfdəlē „diese schwächliche Person", deŝdəlüeē „dies ist eine Lüge"; — bei der Pluralform der Adjektive, z. B. nicsnudsiceẽaebə „nichtsnutzige Keiben", fr̃iesdeq'ærlē „verteufelte Kerle", mit Pause nach obiger Regel fr̃iesdē-q'ærlē, mãēnebriədr „meine Brüder", ãðsrebiəxr „unsere Bücher"; — 2. Pers. Sing. Praes. Ind. nach Konsonanz + l, Kons. + n, Kons. + s, st, Kons. + r: douəisleŝd „du weissnest", dedsəeχneŝd „du zeichnest", debrõnseŝd „du pissest", defasleŝd „du fastest", dedsaobreŝd „du zauberst" [auch die erste Person hat in allen diesen Fällen e, allein dasselbe kommt meist in den Auslaut und wird darum zu è: iuəislè etc.]; — 2. Pers. Sing. Praes. Konj.: deueleŝd „du wollest", dedærfeŝd „du dürfest", deŝrəibeŝd etc.; — 2. Pers. Sing. Praet. Konj.: de'edeŝd „du hättest", deuedeŝd „du wolltest", dedsèceŝd „du zögest" etc.; — 1. u. 3. Pers. Pl. Praes. Ind. und Konj.: mrmiəsekõmə, sesoleŝrəibə [2. Pers. Pl. hat əd, das im Ind. in neuerer Zeit auch das e (ĕ) der 1. u. 3. Pers. verdrängt, während im Konj. dieses e (ĕ) sich unverändert hält; alte Leute konjugieren demnach „sagen" im Ind. mrsâcē, rsâgəd, sesâcē, jüngere Personen mrsâgəd, rsâgəd, sesâgəd, alte und junge Personen dagegen im Konj. mrsâcē, rsâgəd, sesâgê]; — ge (mhd. gèn). cedîhèsə „nach Tübingen"; — Vorsilbe be: bedəurə „bedauern", bedi̇eənə „bedienen", beləedied „beleidigt" [vor s und ŝ fällt e aus: bsofə „besoffen", bŝəisə „bescheissen"]; — Vorsilbe ce in Subst. vor explos. und affric. Lauten (so vor b p, d t, g k; pf z), sowie unsilbischem i: cebærbr N. „Geplauder", cepæc N. „Gepäck", cedsīfr N. „Ungeziefer, Gesindel", cegəesl N. „Knallen mit der Geissel", ceq'idsl N. „Gekitzel", ceiõmr N. „Gejammer" [vor andern Konsonanten fällt e aus: claef N. „Geläufe", cməir N. „Gemäuer", cnic N. „Genick"]; — Vorsilbe ce in cebôrə „geboren", in den andern V. fällt teils e aus, so vor Vokalen, unsilbischem u, Sonorlauten und Spiranten (z. B. vor l m n r; f, h, s, ŝ); teils wird e ausgeworfen, c assimiliert vor explos. und affric. Lauten (so vor b p, d t, g k; pf, z): cesə „gegessen"; gãŋləd „geangelt" etc., cfãŋə „gefangen", q'ẽcd „gehenkt" [das c wird des nachstürzenden Hauchlautes halber zu q]; clofə „gelaufen"; cmõēd „gemeint"; cxõmə „genommen"; grisə „gerissen"; csofə „gesoffen"; dagegen: bõndə „gebunden"; pagd „gepackt"; dõŋd „gedüngt"; drâgə „getragen"; gãŋə „gegangen"; q'isd „geküsst"; dsəeχnəd „gezeichnet"; ausserdem in folgenden Fremdwörtern: dekân M. „Dekan"; — elefãnd M. „Elefant"; — ēnŝdedûd N. „Institut"; — febrouâr M. „Februar"; — larefarē N. „Larifari"; — peric F. „Perücke"; — refiər N. „Revier"; — recəmènd N. „Regiment"; — reciŝdr N. „Verzeichnis"; — recrud M. „Rekrut"; — reŝdradsiô F. „kleinere Wirtschaft"; — sebdèmbr M. „September"; — sekõnd F. „Sekunde"; — feâdr N. „Theater" etc.

b. e (ĕ) steht nach der Tonsilbe: in Subst. und Adj. auf e (s. bei ĕ); in Superlativen von Adj., die mit d t endigen: grêdeŝd „geradeste", fedeŝd „fetteste", ŝleəxdeŝd „schlechteste", brəedeŝd „breiteste", mèndeŝd „mindeste", doch hört man auch crêdŝd, fedŝd, brəedŝd, mēnŝd; ausserdem in hoŝchô M. „unüberlegter, oberflächlicher Mensch, der in den Tag hinein lebt" (hoscha! Interj. des Ausrufes, zum Aufmerken auffordernd, der Sprache des 16. und 17. Jh. angehörend, hoŝchô somit aus hoscha! und hô entstanden); rouŝebouŝē M. „gleichgültiger oberflächlicher Mensch" etc.

5. Schreibweise: 1570 welend, 1578 wellen, 1589 ier welend, 1593 wöllen, 1596 nit,

1599 wöllen, 1600 wölle, 1605 wöllen, 1675 wöllendt, 1676 Edelfest, 1677 vöst, 1685 nit, 1685 Vöst, 1688 Wohl Edelvöst, 1688 Wohlehrenvoest, 1724 Vöstung, 1750 kötten „Ketten“.

§ 16. ǟ entspricht

1. mhd. æ, Umlaut von â:

ǟdəlē N., auch ǟ (Dim. von mhd. âder, ahd. âdara); — āōdǟdlō N. „Fehler, Makel“ (mhd. untætelîn); — āōefǟr „etwa“ (mhd. ân gevære, meist ân geværde „ohne böse Absicht, ohne Betrug“); — ǟsə „die Jungen füttern, von Vögeln“ (mhd. æzen zu âz, auch etzen, wovon das dial. ǟdsə „durch Säure auf Glas einfressen lassen“); — bǟbsd M. (Pl. von mhd. bâbes mit sekundär angetretenem t auch bâbest, ahd. bâbes erst um 1000 aus lat. pâpa); — bǟrlē N. (Dim. von mhd. ahd. pâr par); — bfǟl M. (Pl. von mhd. ahd. pfâl); — blǟə „blähen“ (mhd. blæjen, ahd. blâjan); — blǟə „blau machen, von der Wäsche“ (mhd. blæwen); — blǟlē N. „Bläule von Katzen, Schmetterlingen, Marbeln“ (von mhd. blâ, Gen. blâwes ahd. blâo) [ebenso blǟē F. „blaue Farbe zum Bläuen der Wäsche“]; — drǟd M. (Pl. von mhd. drât Pl. dræte und drâte); — drǟə (mhd. dræjen dræn, ahd. drâjan) [ebenso drǟr M. „Drechsler“]; — dsǟ (mhd. zæhe, ahd. zâhi); — fǟlə (mhd. vælen vêlen, um 1200 entlehnt aus frz. faillir das mit it. fallire auf lat. fallere zurückgeht); — grǟfē F. (mhd. grævinne grævin); — əsbrǟχ N. (mhd. gespræche); — əsdǟd Adv. „langsam“ (mhd. stæte, ahd. stâti „feststehend, beständig“); — gəaldǟdic (von mhd. tætec tætic); — 'ǟclē N. (Dim. von mhd. hâke hâken ahd. hâko hâcko); — 'ǟl „glatt“ (mhd. hæle hæl, verholen, verborgen, schlüpfrig“); — 'ǟlēsə Adv. „heimlich“ (mhd. Adj. hæline); — 'ǟlēs M. „Geheimnis, das zwei oder mehrere mit einander haben“; — 'ǟrə V. refl. „die Haare verlieren“ (mhd. hâren „die Haare ausraufen“); — 'ǟrēs M. (mhd. hærinc-ges, ahd. hâring); — 'ǟs N. „Kleidung eines Mannes oder einer Frau“ (mhd. hâz M. hæze hæz N.); — ǟric „ein Jahr alt“ (mhd. jâric jæric); — lǟr „leer“ (mhd. lære lær, ahd. lâri); — lēmǟl N. (Pl. von mhd. liniâl lineâl); — mǟə (mhd. mæjen, ahd. mâen); — mǟrlē N. (Dim. von mhd. mære, ahd. mârî F. mâri N.); — nǟd F. (Pl. von mhd. ahd. nât); — nǟdlēs M. „Stück Faden, das auf einmal eingefädelt wird“ (zu „nähen“); — nǟə (mhd. næjen, ahd. nâjan); — nǟrē (mhd. næterinne-in); — pǟdəlē N. „Perle“, Dim. von pādr „grosse Perle“ (mit mhd. pâternoster-snuor „Rosenkranz“ zusammenhängend); — rǟ Adv. in rǟ gugə „mit starren Augen sehen“, rǟ laofə „rasch laufen“, rǟ sǟē „steif sein“ (mhd. ræhe „starr, steif, besonders von der Gliedersteifheit der Pferde“); — rǟd M. (Pl. von mhd. ahd. rât); — rǟdiχ M. (mhd. rætich, auch retich, ahd. râtih, auch retih, entlehnt aus lat. rādic-em rādix); — sǟə „säen“ (mhd. sæjen sæn, ahd. sâen); — šǟflē N. (mhd. schæfelin schæfel); — šǟfr M. (mhd. schæfære schæfer) [Pl. Schafe = šāf]; — šbǟdlēs M. „Herbst“ (von mhd. Adj. spæte, ahd. spâti, das dial. šbōd heisst); — šdrǟlə „kämmen“ (mhd. strælen); — šlǟf M. (Pl. von mhd. ahd. slâf); — šwǟr (mhd. swære, ahd. swâri swâr); — wǟgr, auch wǟgrlē, wǟrlē [und wǟrlē kurz!] „wahrlich, freilich“ (mhd. wær-liche); — hiezu kommen folgende Formen des Praet. Konj. ǟs etc. „ässe“; brǟχ etc. „bräche“; brǟχd etc. „brächte“; dǟd etc. „thäte“; drǟd etc. „träte“; əsǟd, neuer sǟd etc. „sähe“; šdǟχ „stäche“, wǟr „wäre“;

2. mhd. e, Umlaut von a, und zwar

a. ausnahmsweise vor t in əšnǟdrəd „mager“ (von mhd. snateren „schnattern“) [man sagt auch šnǟdərə „plaudern“, aber šnadərə „schnattern“];

b. sonst vor einfacher Konsonanz:

ǟr F. (mhd. eher, ahd. ehir ahir); — bǟriχ „kaum“ (von mhd. bar? „nackt, bloss“); —

bĭæs, auch bās F. „Base“ [ebenso dedesbĭæs, dedesbĭæs „Frau des Paten“ (mhd. base, ahd. basa „Schwester des Vaters“), sowie bĭæslĕ „Bäschen“]; — dĭæfəlĕ N. (Dim. von mhd. tavel tavele, ahd. tavala) [ebenso fədĭæfrə „vertäfern“]; — dĭæc M. (Pl. von mhd. ahd. tac(g)); — dĭælr N. (Pl. von mhd. ahd. tal); — drĭægr M. (mhd. trager treger); — fĭædə M. (Pl. von mhd. vaden vadem, ahd. fadam fadum); — flĭædlĕ N. „dünner Pfannkuchen“ (Dim. von mhd. vlade, ahd. flado); — cĭæbəlĕ N. (Dim. von mhd. gabele gabel, ahd. gabala gabal); — clĭægr M. (mhd. klager kleger); — grĭægə M. (Pl. von mhd. krage); — grĭæslĕ N. (Dim. von mhd. ahd. gras); — ʻĭæb Praes. Konj. (mhd. habe); — ʻĭæfə M. (Pl. von mhd. haven, ahd. havan) [ebenso ʻĭæfəlĕ N. „Häflein“]; — ʻĭægəlĕ N. „junger Farren“ (Dim. von mhd. hagen) [hĭægəleskopf „breiter Kopf“]; — ʻĭæslĕ N. (Dim. von mhd. hase, ahd. haso); — ʻĭægr M. (mhd. jeger jegere); — lĭædlĕ N. (Dim. von mhd. laden lade); — mĭæd F. (Pl. von mhd. maget, Pl. megde); — nĭæbəlĕ N. (Dim. von mhd. nabel, ahd. nabolo); — nĭægəlĕ N. „Nelke“ (mhd. negellîn „Gewürznelke“, auch ndl. nagelbloem); — bĭæb Adj. „geizig“, Adv. „ganz nahe“ (mhd. Adj. beheb „enthaltsam“ zu beheben im Sinne von erhalten, behaupten); — rĭædlĕ N. (mhd. redelîn); — sĭæl M. (Pl. von mhd. ahd. sal); šdĭæl M. (Pl. von mhd. stahel, kontrah. stâl, ahd. stahal stâl); — šĭær F. (mhd. schære, ahd. scâri) [das V. heisst šeərə]; — šlĭæc M. (Pl. von mhd. slac-ges); — šnĭæbl M. (Pl. von mhd. snabel, ahd. snabul) [ebenso šnĭæbəlĕ „Schnäbelein“]; — wĭægə M. (Pl. von mhd. wagen, ahd. wagan) [ebenso wĭægnr M. (mhd. wagener)];

c. vor Doppelkonsonanz und zwar

ausnahmsweise vor ch in: ădrĭæχd M. (mhd. antreche, ahd. antrahho), ebenso ausnahmsweise vor ll in bĭæl M. Pl. „Spielbälle“, schon Sing. bāl (mhd. bal-lles) [Tanzbelustigungen = bæl kurz!]; — endlich vor tz in ĭædsə „durch Säure einfressen lassen“ (mhd. etzen) [ĭæsə = Junge füttern s. unter ĭæ]; — vor ht: drĭæχdr M. (mhd. trehter drahter, ältere Nebenformen drihter, ahd. trahtâri); — ʻlĭæχdr N. (mhd. lahter); — nĭæχd F. (Pl. von mhd. ahd. naht) [ebenso wəinĭæχdə (mhd. wîhen-nahten, Verschmelzung von ze-wîhen-nahten), und nĭæχd (mhd. nehten „in vergangener Nacht“)]; — ĕĕdsĭæχd (mhd. einzeht, neben einzel und älterem einlütze); — vor rt: bĭærd M. (Pl. von mhd. ahd. bart); — cĭærdə M. Pl., cĭærdlĕ N. (von mhd. garte, ahd. garto) [ebenso cĭærdnr M. (mhd. gartenære gartnære)]; — vor rs: ĭæ(r)š M. (Pl. von mhd. ahd. ars); — hiezu stellen wir ĭæš F. „Erbse“ aus ĭærš — ærws [z nach r wird š, vgl. ĭærš] (mhd. areweiz erweiz erwiz, ahd. araweiz arwîz); — vor rz: wĭærdslĕ N. (Dim. von mhd. warze, ahd. warza); — vor tz: rĭædšə „rätschen, schwatzen“ (erst nhd. zu mhd. ratzen „klappern, schwatzen“); — hiezu stellen wir qʻĭædšiχ „weich, besonders vom Fleische, wenn es noch zu jung ist“ (gehört wahrscheinlich zu käuen, das auch kauschen, kautschen, katschen, kätschen heisst, somit qʻĭædšiχ „zerkaut“):

3. mhd. ë in dem Fremdwort fĭærs M. (mhd. ahd. vërs); — gʻĭæə [vor Vokal wird der zweite Bestandteil des Diphthongen ĭə abgeworfen wie oben bei iə] (mhd. gewësen); — hĭærd F. (mhd. hërte hërt, ahd. hërta) [Herd M. = hærd]; rĭæxə (mhd. rëgenen), wird auch volkstümlich richtiger rĭəxə gesprochen, wie das Subst. stets rəəgə; — sĭæə Inf., csĭæə Part. [s. oben bei gewësen] (von mhd. sëhen, ahd. sëhan); — šĭæl „neidisch“ in ĕĕnšĭælăgugə „einen neidisch ansehen“ (mhd. schël schëlch, ahd. scëlah); — auch er (mhd. ër) und šmĭær (mhd. smër) werden schon vielfach mit ĭæ statt ĭə gesprochen;

4. mhd. ê in den nicht volkstümlichen Formen: ĭær F. (mhd. êre, ahd. êra); — lĭær F. (mhd. lêre, ahd. lêra), ebenso lĭærə (mhd. lêren).

5. Die Schreibweise bietet wenig, wir führen an: 1631 ohngefohr „ungefähr“, 1631 fählen, 1673 hochgelährt, 1675 hochgelährt, 1763 Scheer.

§ 17. æ entspricht

1. mhd. e, Umlaut von a, und zwar

a. vor t: bodræd N. (frz. portrait); — fædr M. (Pl. von mhd. vater, ahd. fater); — ‘ædl F. „Ziege, dürres Weib“ (mhd. hatele „Ziege“) [hiezu ‘ædlə „ausbeuteln, einem andern alles abgewinnen“, wohl vom Melken der Ziege hergenommen]; — sædl M. (Pl. von mhd. satel, ahd. satal satul); — šdædlè N. (Dim. von mhd. ahd. stat); — šnæd(ə)rədè F. „Sitz auf einem Wagen, auf dem man tüchtig herumgeschüttelt wird“ (von mhd. snateren „schnattern, den Schnabel schnell und wiederholt öffnen und wieder zumachen“); — wegen Ausfalls des i ausnahmsweise vor b in ‘æbs, Pl. von ‘abs M. „Habicht“ (mhd. habich habech);

b. vor Geminata und Affricata und zwar

vor ch: bæχ M. (Pl. von mhd. bach, ahd. bah); — vor ck: æclə „ekeln“ erst nhd., durch Luther verbreitet, zu ndl. akelig „schrecklich“, engl. ache „Schmerz“ gehörend?); — dsæclè N. (Dim. von mhd. zacke); — cædsgr M., auch ‘æcr genannt „Rülpser, Schluchzer“ (cædsgr zu gackern, mhd. gagzen, ahd. irgacazan und gaccizôn, den Naturlaut gack! nachahmend; ‘ægr von mhd. hacken) [aus gagzen wird gagzgen (g nach Kons. + z wie in læfdsc „Lippe“, wæfdsc „Wespe“), daraus gägzger, dann gäzger]: — næcə (mhd. necken „den Appetit reizen“); — bæclè N. „Päckchen“ (von spät mhd. packen); — sæclè N. (Dim. von mhd. sac-ckes, ahd. sac-ches) [Pl. von sag = sec]; — vor ff pf: æflè N. (Dim. von mhd. affe, ahd. affo); — dsæbflè N. (Dim. von mhd. zapfe, ahd. zapfo); — šdæfl F. Sing., Pl. šdæflə (mhd. staffel stapfel ahd. staffal stapfal) [ebenso Dim. šdæfəlè N.]; — šræbfə (mhd. schrepfen, schreffen); — vor ll: æləs (mhd. ahd. al, Gen. alles); — bæl M. Pl. „Tanzbelustigungen“ (aus frz. bal, afrz. baller) [Spielbälle = bæl]; — dælr N. (mhd. teller, im 14. Jh. aus it. tagliere „Hackbrett“); — dsæləriχ M. (erst nhd., aus frz. céleri); — foræl F. (mhd. for'elle forle forhen forhe, ahd. forhana); — ‘ælr M. (mhd. heller haller, von Schwäb. Hall); — koræle N. „eine Art rotgestreifter Aepfel“ (mhd. korelle korel koralle koral „Koralle“); — šdæl M. (Pl. von mhd. ahd. stall); — vor pp: bæbərə „schwatzen“ (zu plappern, pappeln, mhd. paperen „die Lippen unverständlich bewegen“) [ebenso cebæbr N. „Schwatzen, namentlich einfältiges Geschwätz“]; — dæbr M. „Hausschuh“ (von tappen, mhd. tappe [bezeugt ist nur tâpe] „Pfote“) [dazu dæbrlə „kleine Schritte machen“]; — clæb(ə)rə (mhd. klappern); — græbslə „klettern“ (von mhd. krappeln); — q'æbəlè N. (mhd. kappelle neben kapëlle); — læblè N. (Dim. zu mhd. lappe, ahd. lappa); — læb(ə)rə „in Flüssigkeiten plätschern“ (Frequentativ von mhd. lappen, von der germ. Wz. lap, das den Begriff des Niederhängenden hat; mhd. belappern „beschmutzen“); — šbénəwæb N. (mhd. spinneweppe, ahd. spinnûnweppi); — šnæbs M. Pl. (aus ndd. snapps, eigtl. Schluck, Mundvoll); — vor rr: nærlè N. (Dim. von mhd. mndd. narre, ahd. narro); — šdæriχ Adj. „was storrt, von der Wäsche etc., steif von Gliedern und Toten, auch widerspenstig, halsstarrig“ (von mhd. starric); — vor ss: bæs M. Pl. (aus it. basso); — bæslə „aufpassen, auflauern“ (von ndl. passen); — blæs M., dazu blæslè N. „Kuh mit weissem Fleck auf der Stirne“ (von mhd. blasse, Dim. blesselin); — c̆šbæs M. Pl. (erst nhd. nach it. spasso „Lust, Zeitvertreib“); — kuræslə „springen“ (von frz. courir, im Hohenlohischen karaslə); — vor t tt: blædlè N. (Dim. von mhd. ahd. blat); — græd, auch grad M., dazu Dim. grædlè N. „Korb“ (mhd. kratte gratte); — vor tz z: blæds M. „Lappen, Stück Tuch“ (mhd. blez-tzes, ahd. plez-zzes) [dazu blæs, auch blæds M. „Wunde im

Gesicht oder an der Hand"]; — brædsəl F. (mhd. brezel, auch breze, ahd. brezitella brezita); — kædslĕ N. (Dim. von mhd. katze, ahd. chazza); — læds Adj. „verkehrt, unrichtig", Adv. „schlimm" (mhd. letze lez, ahd. lezzi); — læds M. Pl. „Lätze" (früh nhd. aus dem Roman., vgl. frz. lacet, it. laccio); — sæds M. (Pl. von mhd. saz-tzes); — šæds M. (Pl. von mhd. schaz-tzes) [ebenso šædsə (mhd. schatzen schetzen)]; — šbædslĕ N. „kleiner Sperling, dünne und schmale Mehlspeise" (Dim. von spät mhd. spatz); — šwædsə (mhd. swetzen) [ebenso ešwæds N. (mhd. swatz)]; — vor ʒʒ: cæslĕ N. (Dim. von mhd. gaʒʒe, ahd. gaʒʒa); — mæsr N. (mhd. meʒʒer); — wæsərə (mhd. weʒʒern) [ebenso wæsriχ (mhd. weʒʒeric waʒʒeric), sowie wæsrlĕ (Dim. zu mhd. waʒʒer, ahd. waʒʒar)];

c. vor sonstiger Doppelkonsonanz und zwar

vor cs: 'æcs F. (mhd. hecse, ahd. hagzissa hagzus) [hiezu 'æcsə „hexen", sowie 'æcsəšūə M. Pl., auch wēndrdæbr und [illegible] genannt „Pantoffeln aus Sahlbändern"]; — vor fs: wæfdsc F. (mhd. wofse, ahd. [illegible], jünger mhd. wespe); — vor ft: sæfd M. (Pl. von mhd. saft, gewöhnl. mhd. [illegible] vor hs: dæcs M. (Pl. von mhd. ahd. dahs); — gwæcs N. (mhd. gewahs gewehse); — vor [illegible]: æχd „acht" (mhd. ahte, ahd. ahto); — mædliχ Adv. „mächtig, sehr" z. B. mædliχgraòsrlaob „sehr grosser Laib" (von mhd. mehtec mehtic, unter Ausfall des h, oder statt mähdig müttig „was zu mähen ist?") — bæχdr M. (von mhd. paht phaht); — vor lb lp: 'ælfdĕ F. (erst nhd. zu mhd. halp, ahd. halb); — q'ælblĕ N. (Dim. zu mhd. kalp(b), ahd. chalb); — vor ld lt: baofældr M. Sing. und Pl. „Tagfalter", entstellt aus Feifalter (mhd. dafür vîvalter); — šbældr M. „Mann, der spaltet, sowie starkes Hackbeil der Metzger" (von mhd. spalten, ahd. spaltan) [ebenso šbolšd, šbeld 2. und 3. Pers. Sing. Präs. Ind.]; — wældr M. (Pl. von mhd. walt(d), ahd. wald); — vor lm: 'ælmlĕ N. (Dim. zu mhd. halm halme, ahd. halm); — vor lsch: wælš (mhd. welsch) [ebenso wælšə „unverständlich reden"]; — vor ls: 'æls M. (Pl. von mhd. ahd. hals); — vor lw: šwælblĕ N. (Dim. von mhd. swalwe); — vor lz: fæls M. (Pl. von mhd. valz); — šdæls M. (mhd. stelze, ahd. stelza); — šmælsə „die Suppe mit Schmalz begiessen" (von mhd. ahd. smalz); — vor rf: dærf etc. Präs. Ind. und Konj. (mhd. Ind. darf, Konj. dürfe) [ebenso Inf. u. Part. dærfə]; — vor rg: nærgəds (mhd. nergent nergen, Nebenf. von niergen); — vor rh: mær F. „schlechtes Tier, schlechte Weibsperson", Steigerung: šĕnd(r)mær (mhd. merhe, ahd. marha meriha); — mærgd M. (mhd. markt market, ahd. markât); — q'ærlĕ M. (md. ndd. Form für mhd. karl „Mann, Ehemann, Geliebter", ahd. karal, vgl. engl. churl „Bauer, Tölpel"); — dærm M. (Pl. von mhd. darm, ahd. daram); — rbærmliχ Adj. u. Adv. (mhd. Adv. erbermelîche); — vor rn: kasærn F. (frz. caserne, span. caserna, it. caserma); — vor rt: wĭdrwærdiχ (mhd. widerwertic-wartic, ahd. widarwart wartic[g]); — vor rv: herflĕ N. „Gesicht", namentlich mit dem Attribut šĕ (erst nhd., Dim. von lat. larva); — vor rw: ærbs F., jüngere Form für älteres ĕš (mhd. erwiʒ erweiʒ); — færbə (mhd. verwen); — cærbə „gerben, sich erbrechen" (mhd. gerwen garwen) [ebenso cærbr]; — vor sch: æš F. (mhd. asche esche, ahd. asca) [dazu æšr M. „in die Erde eingemauerte Kufe der Gerber, in welcher die rohen Häute durch Kalkwasser und Asche gebeizt werden", ferner cifdæšr M., in welchen ausserdem auch Arsenik geschüttet wird]: — bfædšəq'ĕnd N. „Kind im Tragkissen, verweichlichter, feiger Mensch" (zu mhd. fasch fascho „Binde", aus lat. fascia); — dæš F. „schwatzhafte Weibsperson" (mhd. tesche tasche „Tasche, verächtliche Weibsperson") [ebenso dæš F. „Maultasche", mouldæš „Schlag in's Gesicht, gefüllte Nudel", ferner dæšə „schwatzen, verleumderisch reden", sowie „in das Gesicht schlagen", und dæšlĕ N. „kleine Tasche"]; — flæš F. „Zinnflasche", auch bedflæš F. „Bettflasche" (mhd. vlasche, auch vlesche, ahd. flasca) [Glasflasche = flaš F.]; — maešlè N. (Dim. von mhd. masche, ahd. masca); — uaešə (mhd. waschen weschen, ahd. wascan) [dazu gᵘaeš N. „Geschwätz" (Wäsche = ueš)]; — vor st: araešd M. (von mlt. arrestum); — baešdlə „kleine Arbeiten geschickt und gerne ausführen" (mhd. besten „binden, schnüren, flicken", rom. bastire bâtir „bauen, zimmern"); — laešdiχ (mhd. lestic „lastbar"); — baešd F. (erst nhd. aus lat. pestis); — raešd M. (erst nh. nach frz. reste); — ᵘaešd F. (erst seit vor. Jh. üblich, von frz. veste (lat. vestis)); — vor tsch: baedšnas „durch und durch nass" (zu mhd. patschen „beim Fallen schallend aufschlagen"); — blaedš „äussere breite Blätter eines Krautkopfes, einer Rübe, eines Wirsings etc., ferner breite zusammensitzende Mütze" (zu platschen, mhd. bletschen, Nebenf. von blesten „klatschend auffallen") [ebenso ābblaedšə „die äusseren Blätter vom Kraut etc. wegnehmen"]; — daedšnās F. „breite Nase" (datsch ist wie patsch ein schallnachahmendes Wort. vgl. engl. dash „schlagen, klatschen, platschen") [dazu dsēmǝdaedšə „vom Teige, wenn er aufgegangen ist und wieder zusammenfällt", nāēdaedšə „breitschlagen", ferner daedšlə „liebkosend streicheln" (Iterat. von dätschen)]; — dsᵘaešd, auch dsᵘaedše F. (erst nhd., aus mlat. damascena durch die Mittelformen dmaskin dwaskin, da Damaskus die Heimat der Zwetsche ist?); — 'aedš F. in tudšfendaedš ǝndrdrae sāēn cselə „die Hutsch findet die Hätsch und der Dreck seinen Gesellen" = schlechte Menschen finden sich zusammen (hätschen lautmalendes Wort, vom schleppenden Gang, der durch altes, nicht festsitzendes Schuhwerk hervorgerufen wird; hudš von mhd. hutschen „rutschen, kriechen, schwanken"); — dazu stellen wir die Fremdwörter: baerlogə Pl. „Ohrenringe" (von frz. breloques); — brēndsaesè „Prinzessin, bequeme Weibsperson" (aus frz. princesse, mhd. prinzin „Fürstin"); — raedr M. „Rektor" (lat.); — redsaebd N. (lat.);

2. mhd. ë und zwar

a. vor t: baedə (mhd. bëten, ahd. bëtôn); — baedlə (mhd. bëtelen, ahd. bëtalôn, Iterat. zu bitten); — draedə Inf. u. Part., auch Pl. Präs. Ind., Pl. Imp., sowie Präs. Konj. haben ae (mhd. trëten trëtten); — faedl F. „widerspenstiges Tier, schlechte Weibsperson" (spät mhd. vëtel); — ou'ᵘaedr, auch ou'aedr M. „Maulwurf" (Aufwerfer? Auferderer?); — ᵘaedr N. „Wetter, Gewitter" (mhd. wëter, ahd. wëtar); — ausnahmsweise vor c in ᵘaec (mhd. enwëc, eigentl. „auf den Weg");

b. vor Geminata und Affricata und zwar vor ch: baeχ M. Pl. (mhd. beche); — baeχ N. „Pech, schlechtes Glück" (mhd. pëch bëch, ahd. pëh bëh) [dazu baeχbarô, baeχfiels, baeχkûel „Schuhmacher"]; — baeχr M. (mhd. bëcher, ahd. bëhher bëhhäri); — blaeχ N. (mhd. blëch, ahd. blëh) [dazublaeχə „zahlen", sowie blaeχdsēmr N. „Polizeiwachtstube"]; — braeχə; auch Pl. Präs. Ind., Pl. Imp. und Präs. Konj. haben ae (mhd. brëchen, ahd. brëhhan); — raeχə M. (mhd. rëche, ahd. rëhho) [ebenso das V. raeχə]; — raeχnə (mhd. rëchenen, ahd. rëhhanôn); — šdaeχə Inf.; auch Pl. Präs. Ind., Pl. Imp. u. Präs. Konj. mit ae (mhd. stëchen, ahd. stëhhan); vor ck: baecə „ausseckeln, von Kindern, wenn sie einander ihren ganzen Vorrat von Marbeln etc. abgewinnen" (mhd. bëcken bicken, das häufig in Verbindung mit schröpfen gebraucht wird); — draec M. (mhd. drëc-ckes) [dazu draecouf'ēgr M. „Maurer, Gipser"]; — frǝšraecə intr. V. (mhd. schrëcken, ahd. scrëcchôn) [das trans. V. = frǝšrecə]; — laecə (mhd. lëcken, ahd. lëcchôn); — laekuoχə M. (offenbar vom Volke von „lecken" abgeleitet, mhd. lëbekuoche, wobei lëbe eine Ablautsform zu mhd. leip?; das junge Geschlecht sagt in der M. häufig laebkuoχə); — šaec M. „scheckige Kuh" (von mhd. schëcke „scheckig") [dazu šaecolaeb M. „halbweisser Laib Brot"]; — šbaec M. (mhd. spëc-ckes, ahd. spëch); — šlaecə „schlecken, naschen" (spät mhd. slëcken) [ebenso šlaec M. „Schleckerei" (mhd. slëc-ckes)]; — šnaec F. (mhd. snëcke M., ahd. snëcko); —

vor ff: bfæfr M. (mhd. pfëffer, ahd. pfëffar aus lat. piper); — dræfə Inf.: auch Pl. Präs. Ind., Pl. Imp., sowie Präs. Konj. haben æ (mhd. trëffen); — ræf N. „Gebiss mit vorstehenden Zähnen“ (mhd. rëf-ffes „Stabgestell“): — vor ll: bælə (mhd. bëllen, ahd. bëllan); — fæl N. (mhd. vël [ll], ahd. fël [ll]); — flānæl M. (frz. flanelle, afrz. flaine, mlat. flamineum); — œšwælə (mhd. swëllen, ahd. swëllan); — ʻæl „hell, klug“ (mhd. hël -lles, ahd. hël „laut, tönend“, bezog sich im Mhd. und Ahd. noch nicht auf eine Lichterscheinung): — kabæl F. (mhd. kapëlle, ahd. chapëlla, mlat. capella, ursprünglich Dim. von capa „kleiner Mantel“, weil die Kapelle, in welcher der Mantel des hlg. Martinus aufbewahrt wurde, zuerst „capella“ genannt wurde); — q'ælnr M. (mhd. këlnære, aus mlat. cellenarius mit der Nebenform këllære aus lat. cellarius „Vorsteher der Vorratskammer“) [ebenso q'ælnərə F. „Kellnerin“]; — šnæl (mhd. ahd. snël [ll]); — ʻæl'ols N. „Wellholz“ (von mhd. wëllen „rollen, wälzen“); — vor pf: šnæbf F. (mhd. snëpfe, ahd. snëpfo M., snëpfa F.); — vor pp: æbəs „etwas“ [durch Assimilation ist Geminata entstanden] (mhd. ëtewaȥ); — ähnlich entstand Geminata durch Assimilation æbîr F., neben häufigerem æbîr (mhd. ërde und bir); — dræblə „trippeln“ (erst nhd., entsprechend ndl. dribbelen, junge Intensivbildung zu mhd. draben, draven); — šæbs „schief, verkehrt“ (setzt neben dem aus dem Ndd. übernommenen schief ein oberdeutsches schëpp voraus); — šdæbə (mhd. stëppen); — vor rr: šær in mualdšær F. „Scharre mit Handhabe“, ebenso šærə „scharren“ (mhd. schërren, ahd. scërren); — ʻær F. „Schranke vor einer Feldeinfahrt, welche nur von bestimmten Güterbesitzern benützt werden darf“ (mhd. wërre „Vorrichtung zum Abschliessen, Gatter, Fallthor“); — ʻær F. „Gryllotalpa vulgaris“ (Herkunft unbekannt); — bræs F. (nach frz. presse; das mhd. prësse, ahd. prëssa „Weinkelter“ ist frühere Entlehnung aus mlat. pressa) [ebenso bræsə „pressen“]; — brodsæs M. (mhd. procëss von lat. processus); — mæs F. „Messe, Jahrmarkt“ (mhd. mësse misse, ahd. mëssa missa, von mlat. missa); — fæd Adj. (erst nhd., aus dem Md. Ndd. durch Luther für „feist“ eingeführt, ndd. fett) [ebenso fæd N. „Fett“]; — šædərədē F. „blecherner Gegenstand, der beim Fallen schettert“ (von mhd. schëtter schëter „Steifleinwand“?) [ebenso šæd(ə)rə „schettern“]; — vor tz: fæds M. „Fetzen, Lumpen, liederlicher Mensch“, (mhd. vëtze): — vor ȥȥ: æsə Inf.; auch Pl. Präs. Ind., Pl. Imp. und Präs. Konj. (mhd. ëȥȥen, ahd. ëȥȥan); — bsæsə „vom Teufel besessen“ (mhd. besëȥȥen); — fræsə (mhd. vrëȥȥen, ahd. frëȥȥan); — mæs N. „Masszahl, auch Holzmass = 4 Rm“, ebenso éləmæs N. „Ellenmass“, aber mōšdāb „Masstab“ (mhd. mëȥ -ȥȥes „Mass, womit etwas anderes gemessen wird“) [ebenso mæsə (mhd. mëȥȥen), dazu mæs'āf M. „Hafen zum Messen“]; — sæsl M. „feinerer Stuhl“ (mhd. sëȥȥel, ahd. sëȥȥal); —

c. vor sonstiger Doppelkonsonanz und zwar vor bȥ: græbs M. (mhd. krëbȥ krëbȥe neben krëbeȥ krëbeȥe) [ebenso græbsə „krebsen“]; — vor fs: læfdsc F. (mhd. lëfs lëfse F. M., ahd. lëfs [Lippe ist Ahd. und Mhd. fremd! über g nach Kons. + z vgl. „ædsgr“]); — vor ft: šdæfdsc M. „Nadel mit stumpfer Spitze und langem Oehr, zum Packen dienend, Eisenspitze an einer Stange, mit der man sich auf einem Schlitten fortbewegt“ (mhd. stëft stift „Stachel, Dorn, Spitze“); — ausnahmsweise, also urspr. nicht volkstümlich, vor ht in: fæχdə „kämpfen“ (mhd. vëhten, ahd. fëhtan) [vom Betteln der Handwerksburschen sagt man fæəxdə!]; vor hs: æcs in əedæcs, auch aedæcs F. (mhd. egedëhse, ahd. egidëhsa); — sæχdsē (mhd. sëhzëhen, aus sëhs zëhen); — sæχdsc (mhd. sëhzec sëhzic aus sëhszec); — ʻæcslə, älter ʻis'ə (mhd. wëhseln); — vor lb: sælbr „selbst“ (mhd. sëlp -bes, ahd. sëlb) [dazu sælbiχsmōl „dazumal“; ferner sælbāndr, sælbšdsʻæed „zu zweien“, sælbšdrid „zu dreien“, eigtl. selbst der andere, zweite etc.; sowie in Folge von Assimilation an l, also eigentlich vor ll das Adj. sæl, wie sæmå „jener Mann“, sæᵘəib „jenes Weib“; dræl „jener dort“, desæl „jene dort“, əsæl „jenes dort“; ferner durch die Zwischenform selbd in sæld „dort“]; — vor lc lch lk: ᵘælc (mhd. ahd. wëlc [ch]); — mælgə (mhd. mëlken mëlchen, ahd. mëlchan) [dazu mælc Adj. in ənuimælgəkūə „eine neu melke Kuh“ (mhd. ahd. mëlch „Milch gebend“, Verbaladj. zu melken)]; — vor ld: fæld N. (mhd. vëlt-des, ahd. fëld); — mældə (mhd. mëlden, ahd. mëldōn) [dazu åmældə „anmelden“ und åmældə „abmelden“]; — vor lf: ælfəbōē N. (mhd. hëlfenbein, ahd. hëlfanbein; da im Mittelalter dem Elfenbein heilende Kraft zugeschrieben wurde, so hat möglicherweise Anlehnung an „helfen“ das sekundäre anlautende h hervorgerufen); — ʻælfə (mhd. hëlfen, ahd. hëlfan); — vor lm: ʻælm M. (mhd. ahd. hëlm); — vor lt: cæld N. (mhd. ahd. gëlt-tes; das d ist erst nhd.); — cældə (mhd. gëlten, ahd. gëltan); — sældə Adj. Adv. (mhd. sëlten, ahd. sëltan); — ᵘæld F. (mhd. wëlt, meist wërlt wërelt, ahd. wëralt worolt); — vor rb: šdærbə (mhd. stërben, ahd. stërban); — ᵘærbə (mhd. wërben wërven, ahd. wërban wërvan); vor rc rch: dᵘærg M. (mhd. twërc (g) getwërc zwërch, ahd. twërg); — ibrdᵘærx „quer, ungeschickt, unpassend“, (mhd. über-zwërch, aus mhd. twërch dwërch „schräg, verkehrt, quer“); — ᵘærg N. (mhd. wërch wërc, ahd. wërc wërah [hh]); — ᵘærg in håndᵘærg und fuərᵘærg (mhd. hantwërc und vuorwërc); — vor rd: ʻærd M. (mhd. hërt-des „Boden, Erde, Herd“, ahd. hërd M. hërda F.); — ᵘærdə Inf. (mhd. wërden, ahd. wërdan) [æ auch im Pl. Präs. Ind. (neben ᵘænd) im Pl. Imp. und Präs. Konj.]; — vor rg: bærg M. (mhd. bërg, ahd. bërc [g]); — vor rn: ærnšd M. (mhd. ërnest M., ahd. ërnust N. F.) [ebenso ærnšd Adj., erst nhd., im Mhd. durch ërnesthaft ersetzt, das in der M. als Adv. (ærnšt'afd „mit Eifer“) gebraucht wird]; — cærn (mhd. gërne, ahd. gërno); — ladærn F. (mhd. latërne aus lat. laterna); — lærn F. „Lehne“ (mhd. lëne line, mit leiter nahe verwandt); — lærnə (mhd. lërnen, ahd. lirnēn lërnēn); — šdærn M. „Stern, auch Narzisse“ (mhd. ahd. stërn, Nebenf. von mhd. stërne, ahd. stërno); — vor sch: bræšgə „quälen, drängen“ (von mhd. prëschen, Nebenf. von prëssen „pressen“); — dræšə (mhd. drëschen, ahd. drëskan); — vor sp: fæšbr N. „Vesperbrot“ (mhd. vësper, ahd. vëspera aus lat. vespera); — vor st: fæšd N. (mhd. fëst aus lat. festum); — ʻæšd M. „Gährung, Fäulnis, auch Zorn, Eile, Hitze, Arbeitswut“; ebenso ʻæšdə „gähren, in Fäulnis übergehen von neuem Wein und Most, von Aepfeln, Kartoffeln, sowie vom Getreide und Heu, wenn sie in grossen Haufen auf einander liegen und in Folge von Feuchtigkeit in den Gährungsprozess eintreten“; ferner ʻæšdebfl M. „ganz fauler Apfel“ (mhd. jëst „Gischt, Schaum“, jësten „schäumen“, jësen „gähren“); — næšd N. (mhd. ahd. nëst); —

3. ausnahmsweise mhd. æ, Umlaut von â in næšd, Sup. von nə „nahe“, Komp. nær (mhd. næhest næhst nëhst nëchst) [ebenso ənnæšdə „am nächsten“]; rædsl N. (mhd. rātsal rætsel); —

4. mhd. ö, Umlaut von o, in ʻærnr N. (Pl. von mhd. ahd. horn) [ebenso Dim. ʻærnlė; Reutlinger = ʻi(r)šʻæ(r)nlė „Hirschhörnchen“];

5. æ kommt in unbetonter Silbe vor und zwar

a. vor der Tonsilbe in cælriəb F. „gelbe Rübe“ [der Diphthong æə wird zu æ, weil er in unbetonte Silbe gedrängt ist, gelb = cæəl, mhd. gël]; —

ausserdem in folgenden Fremdwörtern: æcsdrēmədēdr M. „Alleswisser, Gescheidle“ (von extrem); — æcsədsiərə „exerzieren“; — æšdəmiərə „achten“ (frz. estimer); — æšdəmadsiō, auch æšdrmadsiō F. (frz. estimation); — blesiərə „verwunden, besonders im Gesicht verwunden“ (von frz. blesser, das von deutschem bletzen „flicken, ausbessern“ herkommt, es scheint der Begriff von Blässe sich damit zu verbinden); — bræšdiərə „ertragen“ (von lat. perstare); —

dræsiərə „abrichten“ (von frz. dresser); — lufkə M. (gr., im 18. Jh. in das volkstümliche Gewand gebracht); — pærmədiel, auch pærbədiel M. (von lat. perpendiculum); —

b. nach der Tonsilbe in den Eigennamen bâbæd „Babette“ und lîsæd „Lisette“.

6. Schreibweise:

1592 allmechtig, Mezgerhandtwerkh. 1593 gepetten, 1597 älls „als“, 1598 Herrenn. 1599 ällein, 1602 Weter, derff „darf“, 1602 ausslehrrn, Handwerrkh, 1615 überlöstig, 1631 gellt „Gold“, derffen, Zedell, 1650 Dreg „Dreck“, 1673 Handworkh, 1763 Gebettbuch, Wöllholtz.

§ 18. â entspricht

1. mhd. a und zwar

a. ausnahmsweise vor t in dem Fremdwort šdâd M. „Pracht, Aufwand“ (erst nhd., mit ndl. staat, engl. state aus lat. status): —

b. sonst vor einfacher Konsonanz:

âbĕ „hinab“ (mhd. abe ab) [hiezu nâ „hinab“, âbr, auch râ „herab“, sowie ab in Zusammensetzungen mit Verben, wie âbædlə „abbetteln“, âbl(r)šdə „abbürsten“ etc., auch wenn ab nach dem V. steht: biršdmĕ â „bürste mich ab“ (in Subst. bleibt ab und zwar mit kurzem a: abšid „Abschied“, abfal „Abfall“ etc.)]; — âbr Adv.-Konj. (mhd. aber abe „abermals; dagegen, aber“); — âdlr M. (mhd. adel-ar); — âləfâns M. „eigennütziger, stolzer Mensch“) (mhd. alevanz „aus der Fremde gekommener Schalk, dann Posse, Betrug, Gewinn“) [dazu âləfânsic, auch âləfénsiχ „vorteilsüchtig, stolz“]; — bâd N. (mhd. bat-des, ahd. bad): — bâr Adj. (mhd. ahd. bar „nackt, ledig, leer“); — bâr N. „Paar, einige“ (mhd. par, nach lat. par „Paar“); — bâs F. (mhd. base, ahd. basa); — dâdl M. „Fehler, Makel, Gebrechen, Tadel“ (mhd. tadel M. N.); — dâfl F. (mhd. tavel tavele, ahd tavala); — dâg M. (mhd. ahd. tac [g]): — dâl N. (mhd. ahd. tal M. N.): — dâlr M. (erst seit 15. Jh., Abkürzung aus Joachimsthal, eigtl. „Gulden aus Joachimsthal“): — drâgə Inf. (mhd. tragen) [ebenso 1. Pers. Sing. Präs. Ind. drâg (2. u. 3. Pers. draešd, draed), Sing. Imp., Pl. Präs. Ind. drâcĕ (drâgəd) etc., Präs. Konj. drâg, drâeošd etc.]; — dsâl F. (mhd. zal, ahd. zala); — dsâlə (mhd. zalen zaln) [ebenso dsâl 1. Pers. Sing. Präs. Ind., sowie Sing. Imp. (2. u. 3. Pers. dsélšd, dséld), Pl. Präs. Ind. dsâlĕ (dsâləd) etc., Präs. Konj.]: — dsâsm F. (erst nhd., älter nhd. zasel, Ursprung dunkel); — fâdə M. (mhd. vaden vadem, ahd. fadam fadum); — fârə (mhd. varn, ahd. faran); — fâslə „faseln“ (erst nhd., Ausläufer von ahd. fasôn „aufspüren, hin und her suchen“); — fâsnəd F. (mhd. vasenaht „Vorabend der Fastenzeit“, nach altgerm. Zeitrechnung zählte Abend und Nacht zum folgenden Tage); — frəârlaosə (mhd. verwarlôsen, auf ahd. waralôs „achtlos“ beruhend): — gâr Adj. und Adv., dazu šiərgâr Adv. „beinahe“ (mhd. gar Adj., gare Adv.): — gâs N. (ndl. gas, willkürliche Wortschöpfung des ndl. Alchymisten van Helmont); — cênərâl M. (frz. général, lat. generâlis); — clâg F. (mhd. klage, ahd. chlaga): — clâs N. (mhd. ahd. glas): — grâb N. (mhd. grap(b), ahd. grab) [ebenso grâbə M. (mhd. grabe, ahd. grabo): grâbə (mhd. graben, ahd. graban)]; — grâd Adj. (mhd. gerade); — grâgə M. (mhd. krage); — grâs N. (mhd. ahd. gras); — 'âbr M. (mhd. haber habere, ahd. habaro): — 'âbrmaox F. „Tragopogon pratensis, Wiesenbocksbart“ (mhd. haber-malch; haber haper „Bock“ wegen der haarigen Blumen, und mhd. malhe, ahd. malaha wegen der taschenartigen Blüte, die sich Tags öffnet, Nachts schliesst) [die Pflanze heisst auch gugigae(χ)]; — 'âf M. „Topf“ (mhd. haven, ahd. havan); — 'âg M. (mhd. hagen „Zuchtstier“) [dazu hâgəbâdšə „Farrenhalter“, bâdšə ist einer der in früherer Zeit hier allgemein gebrauchten Familienbeinamen, der sich bis heute erhalten hat]; — 'âel M. (mhd.

hagel, ahd. hagal); — ʻăs M. (mhd. hase, ahd. haso); — ʻăsl in ʻăsəlnus F. (mhd. hasel, ahd. hasala F., hasal M.); — jăgə (mhd. jagen, ahd. jagôn); — jănəuār M. (lat. januarius, früh mhd. jenner); — ībrăl (mhd. über-al); — kăg M. „innerer fester Stengelteil eines Krautkopfes“ (wahrscheinlich zusammenhängend mit mhd. kegel, das auch Stock, Knüppel bedeutet, kag bair. „Strunk“, engl. dial. cag „Fässchen“, schwed. kage „Stoppel, Stumpf“; im Hohenlohischen dafür dərš); — kăl (mhd. kal, ahd. chalo); — kămrād M. (aus frz. camarade [it. camerata „Stubengenossenschaft“, engl. comrade]); — kănăl M. (lat.); — korăl M. (lat.); — lăd M. „Fensterladen, Kaufladen“ (mhd. laden lade); — lădə „wohin berufen“ (mhd. laden, ahd. ladôn); — lădə „mit Tragbarem beschweren“ (mhd. laden, ahd. ladan) [dazu lădšdad F. „Haufen von Lehm und Steinen vor dem Weinberg, auf den man das „laedfas“ legt“, man sagt dafür auch lăgrədad]; — lăgr N. (zu mhd. lëger, ahd. lëgar, das in der M. lεəgr heissen müsste und im Schwäb. in Flurnamen noch mit εə erhalten ist) [dazu obiges lăgrədad F. „Lagerstatt“; für Ruhelager von Mensch und Tier wird auch ligrədad gebraucht]; — lărefărē N. „dummes Geschwätz“ (wohl blosse Trällersilben in Liedern, zunächst franz., wobei höchstens die Anlehnung an die alte Solmisation, an la-fa-re, in Frage kommt); — măd F. (mhd. made, ahd. mado); — măgd F. (mhd. maget, ahd. magad); — măgə M. (mhd. mage, ahd. mago) [dazu səumăg M. „Vielfrass“]; — mălə „malen“ (mhd. maln, ahd. malan) [măl mēləd mēld, mălē Präs. Ind., măl măleəd etc. Präs. Konj.]; — misrăbl (lat. miserabilis); — năb F. (mhd. nabe, ahd. naba); — năbl M. (mhd. nabel, ahd. nabolo); — năgə (mhd. nagen, ahd. nagan); — năel M. (mhd. nagel, ahd. nagal); — răb M., neben rab und grab „Rabe“ [stets dălrab M. „Weingärtner“] (mhd. rabe rappe, ahd. rabo oder nicht bezeugtes rappo); — răd N. (mhd. rat-des, ahd. rad); — radəkăl Adv. „vollständig, gänzlich“ (frz. radical von lat. radix); — răr „selten“ (von frz. rare); — răsə (mhd. [selten] rasen) [dazu răsiχ „wütend“]: — săgə (mhd. sagen, ahd. sagên) [Präs. Ind. săg saeəd saed săcē (auch săgəd) săgəd săcē (auch săgəd); Präs. Konj. săg săceəd etc.]; — săl M. (mhd. ahd. sal); — šăb F. (mhd. schabe); — šăbə (mhd. schaben, ahd. scaban); — šădə (mhd. schaden, ahd. scadôn); — šăl F. (mhd. schal schale, ahd. scala, alle Formen auch mit â); — šăl M. (frz. châle, engl. shawl); — šbărə (mhd. sparn, ahd. sparôn); — šdăb M. (mhd. ahd. stap-bes) [dazu buəχšdăb M. (mhd. buoch-stap buochstabe) „mit einer Rinne bezeichnetes Stück eines Buchenzweigs“; ferner məšdăb M. „Massstab“]; — šdăl M. (mhd. stahel, ahd. stahal); — šlă „schlagen“ Inf. (mhd. slahen, ahd. slahan [Part. cəlăgə, Präs. Ind. šlă šlēəd šlēd, šlăcē (šlăgəd) etc., Präs. Konj. šlă šlăceəd etc., ebenso šlăʻəus N. „Schlachthaus“]; — šlăg M. „Hieb, Schlaganfall, Rasse“, auch in dəubəšlăg M. „Taubenschlag“, fršlăg M. „Verschlag“ (mhd. slac-ges, ahd. slag); — šmăl „schmal“ (die Bedeutung eine Spezialisierung des mhd. smal „klein, schlank, knapp, schmal“]; — šnăbl M. „Schnabel, Mund“ (mhd. snabel, ahd. snabul); — šogəlăd M. „Chokolade“; — uă „was“ = keine Rede, wenn es allein steht, ohne Verb. (mhd. ahd. waz); — uăd F. (mhd. wado M., ahd. wado M.); — uăgə M. (mhd. wagen, ahd. wagan); — uăl F. (mhd. wal, ahd. wala); — uăr F. „Ware, Gesindel“ (spät mhd. war, ein nhd. Wort); — uăsə M. (mhd. wase, ahd. waso); — hiezu auch, wegen des Wegfalls von h, die mehr und mehr veraltenden Formen ăsl F. (mhd. ahsel) [jetzt mehr agsl]; — uăsə (mhd. wahsen) [jetzt mehr uagsə]:

c. vor Doppelkonsonanz und zwar

ausnahmsweise vor ll: băl M. „Spielball, Ferse, Ballen der Hände“ [Tanzfest = bal] (mhd. bal-lles, oder balle ballen M., ahd. ballo M. balla F.); — ʻălə „hallen“ (zu mhd. hal-lles „Schall, Hall“, zu hell, das im Mhd. noch die Bedeutung des Tönenden hat); — uăl M. „Wallung beim Kochen“ (mhd. wal-lles) [ebenso uălə „kochen, sprudeln“ (mhd. wallen.

ahd. wallan)]; — ausnahmsweise vor tsch: bådšə „plaudern, schwatzen", auch dådšə (mit mhd. patschen „beim Falle schallend auffallen" zusammenhängend) [in die Hände patschen = badšə]; — vor ht: åxdēs „Acht und Achtung" (mhd. ahtunge); — dereəgrəšlåxd „Degerschlacht" (Ortsname) [Schlacht hat a, nicht volkstüml.; schlachten = medsgə]; — forāxdə (mhd. verahten); — gəšlåxd Adj. „zart, fein" von Fleisch, Gemüse, Haar etc. (mhd. geslaht); — nåxd F. (mhd. ahd. naht); — ᵘåχdl F. (mhd. wahtel, ahd. wahtala); — vor rn: bårn M., dafür auch bål „oberer Scheuerraum" (mhd. barn „Krippe, Heuraffe"; die Bedeutung „Scheuer" zeigen auch angls. bern, engl. barn); — gårn N. (mhd. ahd. garn); — vor rs: å(r)š M. (mhd. ahd. ars); — kå(r)š M. [das t am Ende fällt ab] (mhd. karst); — vor rt: ård F. „Weise" (mhd. art); — bård M. (mhd. ahd. bart); — bårdl M. „Bartholomäus" in rᵘəes məbårdlē möšt'ōlad er weiss, wo Bartholomäus Most holt = er kennt sich aus, kennt alle Schliche [ebenso bårdləmae „Bartholomäusfeiertag"]; — gårdə M. (mhd. garte, ahd. garto); — kård F. (spät mhd. karte nach frz. carte); — mårdē M. „Martin"; — šᵘåd F. „äusserstes Brett eines Stammes" (mhd. swarte swart); — ᵘårdə (mhd. warten, ahd. warten); — vor rz: 'årds N. (mhd. ahd. harz); — šuådsəgalə sw. V. „Kopf eines kleinen Tiers, namentlich eines Maikäfers, einer Fliege mit einem Finger wegschnellen" (von mhd. snarz für snurz „Verkürzung, Zusammenschrumpfung" und gal-lles „Schall", wahrscheinlich weil die Verkürzung des Körpers mit lautem Schalle vor sich geht: die M. liess seither r vor Kons. vielfach fallen, vor reinem z würde a stehen, es muss also hier ein r ausgefallen sein); — šᵘå(r)ds (mhd. ahd. swarz); — ᵘårds F. (mhd. warze, ahd. warza);

2. ausnahmsweise mhd. â in dådsax F. (von mhd. ahd. tât) [That = dəd, ebenso Unthat = ūdəd]; — dålē N., nicht volkstüml., [auch dax F.] „Dohle" (mhd. tâhele tâlo tâhe); — ēlmåg F. „Mohn" (mhd. mâge M., ahd. mâgo); — das Fremdwort fikår M. (mhd. vicârier, lat. vicarius); — låg F., nicht volkstüml., (mhd. lâge, ahd. lâga); — das Fremdwort lēšål, auch lēnål M. (mhd. liniâl, von lat. lînea); — måd F. „Reihe gemähten Grases" (mhd. mât-des N. F. ahd. mâd);

3. å wird in folgenden Fremdwörtern und Eigennamen, teilweise in unbetonter Silbe, gebraucht: afəkåd M. „Advokat" (lat. advocâtus); — ām'ålē N. F. „Amalie"; — āmē'rikå „Amerika"; — apådē Adv. „hauptsächlich, besonders", wie z. B. apådesōləid „besonders solche Leute" (von frz. à part); — åsiə N. „Asien"; — bå'bied F. „Babette"; — bodədåd M. [neuer podndåd] „gewaltthätiger, herrschsüchtiger Mensch"; — bōnəfåds „Bonifacius"; — grānåd F. „Granate" (lat. granâtum); — idåliə N. „Italien"; — kohrådr M. „Curator"; — påŋgråds „Pankraz"; — šbēnåd M. (lat. spinacia, woher auch frz. épinard); — sēlå „Sela"; — feådr N. „Theater".

4. Schreibweise. Dieselbe schwankt zwischen a, ah und aa, ohne dass bestimmte Regeln eingehalten wurden. Wir führen an: 1602 Dag, 1607 mit villen Kindern begabt, 1631 Rhat, 1656 paar „bar", 1688 Uffschlag, 1684 fortgefahren, 1763 paar „bar", 1767 Rache.

§ 16. a entspricht

1. mhd. a

a. ausnahmsweise vor g, p, r in:

babl F., nicht volkstüml. (mhd. papel popel aus mlat. papulus, lat. pôpulus); — babəgae M., nicht volktstüml. (mhd. papagey, meist papegân, aus afrz. papegai); — 'agd F., nicht volkstümlich (mhd. jaget N. F., ahd. jagôt ist nicht bezeugt); — karəᵘox F., neben kārᵘox (von mhd. kar F. „Trauer, Wehklage") [ebenso kar(ə)froidiχ M. „Karfreitag"];

b. vor t: badə „fruchten, ein Stück geben, gut ausreichen“ (mhd. baten, Prät. batte „nützen, helfen“, von ahd. pata „Hilfe“): — dadl F. „Dattel“ (mhd. datel tatel tatele aus dem Roman.) [dazu auch daxdl F., „Ohrfeige“?; Dachtel ist ältere Form für Dattel, euphemistisch für „Schlag“, vgl. Kopfnuss, doch s. dax]; — clad (mhd. ahd. glat); — ladšė M. „schlaffer, lahmer Mensch, der beim Gehen die Beine nicht aufhebt“ (tritt mit den verwandten Wörtern erst seit dem 17. Jh. häufiger auf, ist wohl eine Ableitung von einem älteren lat, wozu mhd. let-vüezer „schuochabtreter“ und loter „locker“ gehört); — sad (mhd. ahd. sat); — sadl M. (mhd. satel, ahd. satal); — šadə M. (mhd. schate, ahd. scato); — šdad F. (mhd. stat „Ort, Ortschaft, Stadt“, ahd. stat; die Bedeutung „Stadt“ entwickelt sich erst in mhd. Zeit); — šdad Präp. (eigtl. Obliquus des Subst., mhd. dafür (selten) an .. stete); — šnad(ə)rə (mhd. snateren); — ᵘadlə „gehen wie eine Ente, schwankend gehen“ (von mhd. waten, ahd. watan);

c. vor Geminata und Affricata und zwar

vor ch: axl F. „Achalm“ (Berg); — bax M. (mhd. bach, ahd. bah); — baxə „backen. eine Ohrfeige geben“ (mhd. bachen backen, ahd. bacchan bahhan); — dax N. „Dach, Kopf“ (mhd. dach, ahd. dah) [dazu daxə „an den Kopf schlagen“; man sagt auch: icibdrgāə ðəsəufədax „ich werde dir einen Schlag auf den Kopf geben“; hiezu wahrscheinlich auch daxdl, oder zu dadl? s. dieses]; — dax F. „Dohle“ (setzt mhd. dach voraus, als Nebenform von dāch tāhe); — drax M. „Drache, böses Weib“ (mhd. trache, ahd. trahho); — fax N. (mhd. vach, ahd. fah [hh]); — graxə (mhd. krachen, ahd. chrahhôn) [dazu graxr M. „alter, gebrechlicher Mann]; — kaxl F. (mhd. kachel kachele, ahd. chahhala); — lax F. (mhd. lache, ahd. lahha); — laxə (mhd. lachen, ahd. lahhan lahhên); — maxə (mhd. machen, ahd. mahhôn); — naxə M. (mhd. nache, ahd. nahho); — sax F. (mhd. sache, ahd. sahha); — šdaxl M. (mhd. stachel, ahd. stahhulla); — šᵘax (mhd. swach); — ᵘax F. (mhd. sehr selten wache, meist wahte) [dazu ᵘax Adj. (erst im vorigen Jh. aufgekommen, fehlt den früheren Perioden); ferner ᵘaxə (mhd. wachen, ahd. wahhên)]; — vor ck: agr M. (mhd. acker, ahd. acchar) [ebenso ag(ə)rə „ackern“]; — dagl M. „dummer Mensch“ (s. Schmeller, bayr. W. 1. 583); — fagl F. (mhd. vackele vackel, ahd. facchala); — cšmag M. „Geschmack, Schönheitssinn, Ansicht“ (mhd. ahd. smac-ckes); — ʻagə (mhd. hacken, ahd. fehlt); — iag F. (erst seit 15. Jh., frz. jaque, engl. jacket): — nagəd (mhd. nacket nackend, ahd. nacchut nahhut); — ƀagə (mhd. packen backen); — sag M. (mhd. sac-ckes, ahd. sac-cches); — šlag F. (erst nhd., aus ndd. slacke „beim Schlagen abspringendes Metallstück“); — šlaᵘag M. „unwiderstehlicher, schlampiger Mensch“ (Slowake, slavischer Bewohner Nordungarns) [dazu šlaᵘagə, rōmšlaᵘagə „faul herumlungern“]; — vor ff: af M. „Affe, auch Mensch, der Possen macht, putzsüchtiger Mensch“ (mhd. affe, ahd. affo); — gafə (mhd. gaffen, gewöhnl. mhd. kapfen, ahd. chapfên) [dazu âgafə „angaffen“]; — raflə „viel schwatzen, böse Reden führen“ (mhd. raffeln „lärmen, klappern“) [dazu rafl. F. „böser Mund, auch Frau, die einen solchen besitzt“; — šafə (mhd. schaffen, ahd. scaffan); — vor ll: bal M. „Tanzfest“ (aus frz. bal. afrz. baller); — fal M. (mhd. ahd. val-lles) [ebenso falə (mhd. valn, ahd. fallan)]; — gal F. (mhd. galle, ahd. galla); — cnal M. (erst nhd., zu mhd. erknüllen) [knallen = cnelə]; — gral F. (erst nhd., zu mhd. krellen); — ʻal F. (dem Mhd. fremd, durch Luther der Schriftsprache zugeführt, die oberd. M. haben dafür Vorschopf; vgl. angls. heall, engl. hall, asächs. halla); — lal F. „hoher Stengel der Zwiebeln mit Blütenkopf“ (zu lallen, vgl. lällenkönig. ein grotesker, mit einer Krone versehener Kopf, der am Thorturme Basels angebracht war, ebenso hiess eine ähnliche Figur am Weissenturmthor in Strassburg); — lalə (mhd. lallen „mit schwerer Zunge. sprechen“, engl. loll „nachlässig hängen, die Zunge heraushängen“. schwed. lalla „lallen“, lat lallare „lallen, trällern“) [ebenso lalə M. „dummer Mensch“]; — šdal M. (mhd. ahd. stal(ll)) [dazu šdalèx F. „Stallung“]; — šnádsəgalə sw. V. „Kopf eines Maikäfers mit dem Finger wegschnellen“ (s. § 18, 1. c.); — šnal F. „Schnalle, auch schlechte Weibsperson“ (mhd. snalle); — vor pf: dabfr Adv. „schnell, flink“ (mhd. tapfer „fest, voll. bedeutend“, spät mhd. „tapfer“); — dsabfə M. (mhd. zapfe) [dazu ådsabfə „ein Fass anzapfen“; einen Wassersüchtigen anzapfen = ådsæbfə]; — vor pp: bab M. „Brei, Kleister“ (aus dem Md. Ndd.; ndl. engl. pap „Brei“, mhd. md. pap peppe „Kinderbrei“) [dazu babə „kleben“. babiχ „klebend“]: — babələ „schwatzen“ (erst nhd., onomatopoietisch, vielleicht im Anschluss an ndd. babbelen. engl. babble) [dazu babəlr M. „Schwätzer“]; — drabə „schwer auftreten“ (zu mhd. trappe „Treppe, Trappgans“); — dsablə (mhd. zappeln, Nebenf. zu zabeln); — lab M. „Lappen“ (mhd. lappen F. M., ahd. lappa F.); — mab F. „Schreib-, Brief-, Schulmappe“ (von mlat. mappa mundi „Skizze der Erdteile, dann Einschlag für die Landkarten“); — rab M. „Rabe“, neben grab und ráb (mhd. rappe neben rabe) [ebenso rab M. „schwarzes Pferd“, das in dieser Bedeutung erst nhd. ist, aus obigem mhd. rappe; Weingärtner = dálrab M.]; — rablə „nicht recht bei Verstand sein“ (könnte zu mhd. raffeln „klappern, lärmen“ gehören, es wird aber meist mit mhd. rëben „träumen, verwirrt sein“ in Verbindung gebracht, das von frz. rêver (daher auch engl. rave) herkommt); — šnabə (von mhd. md. snappen); — vor rr: barə „raufen“ (von mhd. barre „Balken, Schranke“, aus frz. barre, mlat. barra, mhd. die barre loufen, ein Spiel) [dazu barədè F. „Spielzeug für Katzen und Hunde“]; — bfarr M. [zweisilbig] (mhd. pfarrære, ahd. pfarrâri); — karə M. (mhd. karre M. F., ahd. charra F.); — nar M. (mhd. narre, ahd. narro); — šmarə M. „Schmarre, Narbe“ (erst nhd., entsprechend ndd. smarre, im mhd. damit verwandt smurre „Hieb, Streich“); — vor ss: bas M. „Bass“, in basdèm F. „Bassstimme“ (aus it. basso); — bas M. „Pass“ (erst nhd., aus ndl. pas „Schritt, Durchgang, Pass“); — basẽ̃, auch basæ N. (von frz. bassin); — clas F. (lat. classis, frz. classe); — grèmas F. „Grimasse“ (frz. grimace) [grèmasəšnəidə „Gesichter schneiden“]; — csbas M. (erst nhd., nach it. spasso „Zeitvertreib“); — kas F. (scheint nicht vor Ende des 16. Jh. zu uns gekommen, von it. cassa [lat. capsa]); — vor tt: ādəgadiχ „ungeschickt“ (mhd. un-gattet „ungleich gearbeitet, gegerbt, ahd. gi-gat „passend, stimmend zu“, mhd. gaten „zusammenkommen, vereinigen“): — flad(ə)rə „flattern“ (mhd. vladern zu vlëdern, mndl. flatteren, engl. flatte „schmeicheln“, flutter „flattern“); — grad(ə), auch græd(ə) M. „Korb“ (mhd. kratte gratte); — gradlə „beim Gehen die Beine weit auseinander stellen“ [æfrgradlə „die Beine so weit auseinandersperren, dass man dabei Schaden leidet“; gradlr M. „alter Mann“; gradl M. „Stolz“] (diese Wörter scheinen mit mhd. kratte „Korb“ zusammenzuhängen, von Tyrol zieht der Krattler mit kleinen Karren voll Obst nach Bayern, Kratte = Wagenkorb; oder zu krate, Nebenf. von Krote „Kröte“?, doch sind beide Erklärungsweisen sehr gesucht); — lad F. „Latte, Rausch“ (mhd. latte, ahd. latta); — ladiχ M. (mhd. lattech latech latoche, ahd. lattuh); — rad F. (mhd. ratte rate F., rat rate M., ahd. ratta F., rato M.); — ᵘad M. (erst nhd., nach ndl. watte, engl. wad, frz. ouate, it. ovate), dazu ᵘadiərə „wattieren“]; — vor tz z: badsə M. (mhd. batze „kleine Münze der Stadt Bern mit dem Berner Wappen, einem Bären = betz); — badsə M. in q'islbadsə „Kieselstein“ (zu backen = kleben, haften; vielleicht auch die Münze davon, weil sie leicht am Finger klebt, s. Grimm D. W. 1, 1160); — badsiχ „grob, anmassend“ (ebenfalls zu backen, eigentl. grobgebacken); — blads M. (mhd. platz „freier Raum“, scheint gegen Ende des 13. Jh. aus dem Roman. (it. piazza, frz. place) entlehnt zu sein); — blads M. „dünner Kuchen“ (mhd. nur in md. platzbecke „Fladenbäcker“, zu platt?); — bladsə „zerspringen, platzen“ (mhd. platzen blatzen); — bōnəfads F.

„Zaser, die an beiden Kanten der Bohnen abgezogen wird“ (verwandt mit mhd. vazzen, vaz, vezzel, s. Grimm D. W. 3, 1365); — dads F. „Pfote, Schlag auf die Hand“ (mhd. tatze); — glads F. (mhd. glatz); — 'aeǩads F. „Schmaus nach der Heuernte“ (mit ǩärds zusammenhängend, das von mhd. kerze, ahd. charz „Kerze“ abgeleitet wird); — ǩads F. (mhd. katze, ahd. chazza); — lads M. (früh nhd., aus dem Roman., frz. lacet, it. laccio) [ladsbrīə „schlechte Brühe“, von schlechtem Kaffee etc.]; — madrads F. (mhd. materaz matraz, auch materazze, nach mlat. matratium); — sads M. (mhd. saz-tzes); — šads M. „Liebhaber, Liebchen“ (mhd. schaz-tzes, ahd. scaz); — šbads M. (spät mhd. spatz, hd. Koseform zu spar); — šmadsgə „mit Wohlgefallen unter schnalzenden Zungenlauten essen, küssen“ (mhd. smatzen, aus smackezen zu smacken) [ebenso šmads M. „Kuss“]; — vor zz: fas N. (mhd. vaz-zzes, ahd. faz[zz]); — gas F. (mhd. gazze, ahd. gazza); — las 1. Pers. Sing. Präs. Ind. [2. und 3. Pers. lǣsd lǣd, Pl. lænd], Sing. Imp. las, Präs. Konj. las, lasǝd etc. (setzt mhd. lazzen voraus statt lâzen); — nas (mhd. naz nazzes, ahd. naz); — raslə „rasseln, rasch springen“ (mhd. razzeln „toben, rasen“, die Bedeutung lehnt sich an ndd. ratеln „klappern“ an); — ᵘasr N. (mhd. wazzer, ahd. wazzar);

d vor sonstiger Doppelkonsonanz und zwar ausnahmsweise vor ht: draxd F. „Art der Kleidung, gehörige Zahl von Hieben“ (mhd. ahd. traht); — [Macht ist ungebräuchlich]; — p̌axd M. (mhd. md. paht, gewöhnlicher phaht phahte, die nhd. Form beruht, wie der Anlaut gegen mhd. phaht zeigt, auf ndd. Einfluss); — braxd F. (mhd. ahd. praht braht; — šaxdl F. „Schachtel, alte Jungfer, altes Weib“ (spät mhd. schahtel, aus it. scatola); — [für schlachten gebraucht man medsgə]; — ausnahmsweise vor rn: ᵘarnə (mhd. warnen, ahd. warnen wernen); — ausnahmsweise vor rt in šᵘardəmāgə M. „Schwartenmagen“ (mhd. swarte swart) [Schwarte = šᵘā(r)d F.]; — vor ft: afdr in afdrlǣədr N. „Afterleder“, afdrrēdə „furzen“, afdrwurm M. „Afterwurm, Spulwurm“ (von mhd. after); — grafd F. (mhd. kraft, ahd. chraft); — safd M. (mhd. saft, gewöhnlich mhd. ahd. saf); — vor hs: ags F. (mhd. ahse, ahd. ahsa) [auf dem Lande ās]; — agsl F. (mhd. ahsel, ahd. ahsala) [früher āsl]; — dags M. (mhd. ahd. dahs); — flags M. (mhd. vlahs, ahd. flahs) [auf dem Lande flās]; — flags F. „Flechse, Sehne“ (erst nhd. von lat. flexus); — ᵘags N. (mhd. ahd. wahs) [auf dem Lande ᵘās]; — ᵘagsə (mhd. wahsen, ahd. wahsan) [älter ᵘāsə]; — vor lb: alb F. „schwäbische Alb“ (vordeutsch, zu mhd. albe „Weideplatz auf einem Berge“ zu lat. Alpes); 'alb Adj. 'albə Adv. (mhd. halbe halben halp); — ǩalb N. (mhd. kalp (b), ahd. chalb); — salb F. (mhd. salbe, ahd salba) [dazu gᵘagsalbr „Quacksalber“]; vor lχ: falχ M. „Pferd von fahler Farbe“ (von mhd. val-wes); — vor ld: bald Adv. (mhd. balde, ahd. baldo „kühn, schnell, sogleich“); — balc M. „Balg, fette Haut von Mensch und Tier“ (mhd. balc-ges, ahd. balg) [dazu rǝmbalgə „raufen, sich prügeln“;] — dalgə „eine weiche Masse mit den Händen drücken, darin herumrühren, sodann kneten“ (mhd. talgen „kneten“ [dazu: ədalgədrqᵘærlē „ein tölpelhafter Mensch“; bildlich heisst dalken „schwerfällig reden, sich ungeschickt benehmen“]; — falgə „umgraben mit der Haue“, von Kartoffel- und Rübenfeldern, Weinbergen“ etc. (mhd. valgen velgen); — galgə M. (mhd. galge, ahd. galgo); — vor lk: balgə M. (mhd. balke, ahd. balcho); — ǩalχ M. (mhd. kalc-kes, ahd. chalch); — ᵘalgə „Tuch und Häute walken“ (mhd. walken, ahd. walchan) [dazu ᵘalcē F. „Platz, wo gewalkt wird“; ferner durᵘalgə „durchprügeln“]: — vor lm: almōsə N. (mhd. almuosen); — 'alm M. (mhd. halm halme); — p̌alm F. (mhd. palme, ahd. palma); — vor ls: als (mhd. als alse alsô „ebenso, so, als, als ob, weil“); — 'als M. (mhd. ahd. hals); — vor lsch: falš (mhd. valsch); — vor lt: ald (mhd. ahd. alt); — gšdald F. (mhd. gestalt, erst seit Ende des 13. Jh.); — gᵘald F. „Körperstärke“ (mhd. gewalt M. F., ahd. giwalt M. F.); — 'aldə (mhd. halten, ahd.

haltan); — kald „kalt, tot“ (mhd. ahd. kalt-tes); — šaldiər N. (mhd. ahd. schalt-jâr); — vor lw: šwalb F. (mhd. swalwe, ahd. swalawa); — vor lz: mals N. (mhd. ahd. malz); — sals N. (mhd. ahd. salz); — šmals N. (mhd. ahd. smalz) [dazu fišmals N. „Fischthran“]: — vor ps: 'abs M. „Habicht“ (von mhd. hapech. Nebenf. von habech habich) [dazu 'absnås F. „stark gebogene Nase“]; — kabsl F. (von lat. capsula, dafür ahd. chafsa chefsa, mhd. kafse kefse); — rabs M. „Reps“ (aus lat. rapicium); — rabsə, auch ribsə „stehlen“ (Intens. zu raffen, ndd. rapen); — šnabs M. (aus ndd. snapps „Schluck“, zu schnappen); — vor rb: arbəd F. (mhd. arbeit arebeit, ahd. ar(a)beit); — garb F. (mhd. garbe, ahd. garba); — cxarfədė F. „Knorpel in gekochtem oder gebratenem Fleisch“ (zu Knorpel, mhd knarbel- knarberbein für knorpelbein): — vor rc rch: barxəd M. (mhd barchant barchât barchet, nach mlat. barcânus „Zeug aus Kamelshaaren“); — šdarg (mhd. ahd. starc); — šnarxlə (mhd. snarchen snarcheln zu snarren); — vor rf: šarf (mhd. ahd. scharf scharpf); — vor rg: arg Adj. „schlimm, bedauerlich“, Adv. „sehr, schlimm“ (mhd. arc (g), ahd. arg arag): — marg N. (mhd. marc-ges); — vor rk: marg F. „Silbermünze“ (mhd. marc marke): — marg F. „Zeichen, namentlich Briefmarke“ (mhd. marc-kes); — margröblė N. „Grenzfurche zwischen zwei Gütern“ (von mhd. marc, ahd. marcha „Grenze, Grenzgebiet“ [hiezu margės F. „Markung“ (mhd. markunge)]); — vor rm: arm M. (mhd. ahd. arm); — arm Adj. (mhd. ahd. arm); — marmor M. (lat. marmor, mhd. marmel, ahd. marmul): — ᵘarm (mhd. ahd warm); — vor rsch: marš M. „weiter Weg“, auch als Interj. = fort! (schon im 16. Jh. gebraucht aus frz. marche) [dazu mašiərə vom Marschieren der Soldaten, ferner „fortgehen“]; — vor rw: farb F. (mhd varwe, ahd. farawa): — narb F. (mhd. narwe, spät ahd. narwa); — vor sk: masc F. (erst nhd., aus frz. masque); — vor st: ašdr M. (lat. aster); — bašdlė „Bastian“ [dazu šmîbašdlə „eine Art rotbackiger Aepfel“, von Sebastian Schmid]; — bašgr M. „Mischling zwischen Kaninchen und Stallhasen: schmale, dicke, stumpfe, überall gleich breite Haue, Mittelding zwischen Haue und Pickel“ (mhd. bastart, aus afrz. bastard, nfrz. bâtard, meist aus mlat.-rom. bastum „Saumsattel“ abgeleitet, Bastard = der auf dem Saumsattel Erzeugte; die Sättel dienen den span. Maultiertreibern als Betten); — bflašdr N. „Strassenpflaster, Wundpflaster“ (mhd. pflaster, ahd. pflastar); — fašd Adv. (mhd. vaste vast, ahd. fasto); — fašdə (mhd. vasten, ahd. fastên); — cxašdlə sw. V. „durch starkes Beissen in hartes Obst ein eigentümliches Geräusch verursachen“ (mit knirschen zusammenhängend, ndl. knarsen „knirschen, krachen“, ndl. knaschen, engl. gnash „mit den Zähnen knirschen“, dän. gnaske „hörbar nagen“; knastoln eine verstärkende Fortbildung zum einfachen Stamm knas „knirschen“); — cxašdr M. (erst seit Beginn des 18. Jh. aus ndl. knaster kanaster, dieses aus span. canastro „Korb“): — goašd F. (aus mhd. quast „Laubbüschel, Badebüschel, ahd. questa „Laubschürze“): — lašd Konkret. F., Abstr. M., z. B. dui'sdulašd midiərė q'ėndr „diese hat eine rechte Bürde an ihren Kindern“ (mhd. mndd. last F. M., ahd. last); — mašd Adj. „fett, üppig“ (erst nhd., dafür mhd. gemast gemestet); — vor sc sch: daš F. (mhd. tasche); — flaš F. „Glasflasche“ (mhd. vlasche) [Metallflasche = flėš F.]; — mišmaš M. „Durcheinander“ (ablautspielende Subst.-Bild. zu mischen, seit 17. Jh. häufig); — vor sp: 'ašbl M. „Haspel, unüberlegter Mensch“ (mhd. haspel, ahd. haspil); — rašbl F. „grosse Feile, Maschine zum Zerdrücken der Trauben“ (erst nhd., nach afrz. raspe, nfrz. râpe); — vor tsch: badšə „klatschend schlagen“ (mhd. patschen) [dazu badš M. „Patschhand“, badšr M. „aus Meerrohr geflochtenes Werkzeug zum Ausklopfen“]; — bfladšə „schallend aufschlagen, vom Regen“ (Intens. zu mhd. platzen).

2. a kommt in unbetonter Silbe vor und zwar

a. vor der Tonsilbe: in unbetontem ᵘa „was“ (mhd. waȥ) z. B. ᵘaᵘid? „was willst du?"; — ausserdem in den **Fremdwörtern**: abədéc F. „Apotheke"; — abədid M. „Appetit"; — abril M. „April"; — adsīr M. „Acciser"; — afoƙād M. „Advokat"; — alê F. „Allee"; — alfobēd N. „Alphabet"; — arəšd M. N. „Arrest"; — ardsnəi F. „Arznei"; — armê F. „grosse Zahl, Menge"; — ɐšdɔ̄madsiȫ, auch ɐšdr(ə)madsiȫ F. „Achtung"; — badrȫ F. „Patrone"; — bardəi F. „Partei"; — bardî F. „gewisse Anzahl, Heirat, Ausflug, Partie beim Spiel"; — barədis N. „Paradies"; — barɔ̄mêdr M. „Barometor"; — bardü Adv. „durchaus, partout"; — basdêd F. „Pastete, grosser Kuchen, in welchen ganze Stücke Kalbfleisch, namentlich Nierenbraten eingelegt sind"; — brifadəsiərɔ̄ „privatisieren"; — dabêd F. „Tapete"; auch əufsdabêdbrêsɔ̄ „zur Sprache bringen"; — dab(r)ədsiərɔ̄ „tapezieren"; — dragônr M. „Dragoner, wilder Junge"; — fagəbɔ̄nd M. „Landstreicher, unordentlicher Mensch"; — faƙāns F. „Vakanz"; — fisədadsiȫ F. „Visitation"; — galɔ̄madins M. „verworrenes Geschwätz"; — clafiər N. „Klavier"; — gracêlɔ̄ „Lärm machen"; — gᵘadiər F. „Schlaf- und Wohnstätte", auch „Hinterteil" in: sgᵘadiərfr'aoɔ̄ [dazu gᵘadiəršūɔ̄ „Hausschuh aus Leder"]; — ƙabɐl F. „Kapelle"; — ƙabidl N. „Kapitel"; — ƙabuds F. „Kaputze"; ƙadêdr M. „Katheder"; — ƙadeq'išmus M. „Katechismus"; — ƙadōliš „katholisch"; — ƙafê „Kaffee"; — ƙalêndr M. [auch ƙolêndr] „Kalender"; — ƙasdrōl N. „Schmorpfanne", dann auch „Hinterteil" in: sƙasdrōlfrəilbərɔ̄, sƙasdrolfr'aoɔ̄ „das Hinterteil durchhauen"; ƙasɐrn F. „Haus, in welchem viele Leute wohnen"; — ƙasdâniəl F. „Kastanie"; — ladɐrn F. „Laterne, Person oder Gegenstand, die einem im Lichte stehen, Haus mit vielen Fenstern"; — laciərɔ̄ „lakieren"; — macišdr M. in: išᵘidsᵘiəmacišdr „ich schwitze wie ein Magister"; — mašê F. „Maschine, beleibte Person"; — mašiərɔ̄ „stark und weit gehen, refl. sich packen"; — mafêi in: mafêiāmledšdɔ̄ „es geht zu Ende"; — padrȫ M. mit šê, soubr. cšied iron. = ungeschickter, unordentlicher Mensch [auch šudspadrȫ „Schutzheiliger", z. B. bei den Weingärtnern das „Rebenmännchen", eine nicht übel geformte hölzerne Figur Urbans]; — paced N. „Paket"; — radəƙāl Adv. „gänzlich"; — radiərɔ̄ „radieren" [Gummi = radiər(ə)r M.]; — racêd F. „Rakete"; — resd(ə)radsiȫ F. „kleine Wirtschaft"; — salɔ̄d M. „Salat"; — šablȫ F. „Schablone"; — šadiərɔ̄ „schattieren"; — šbudsiərɔ̄ „spazieren gehen"; — šdadsiȫ F. „Station"; — šmarodslɔ̄ „schmarotzen"; —

b. **nach der Tonsilbe** und zwar

in den **Endungen -haft und -schaft**: gᵘisə'afd „gewissenhaft"; — sibšafd F. „Gesindel"; — ᵘāndršafd F. „Wanderschaft"; — ᵘirdšafd F. „Gasthaus", mit šê iron. = Unordnung; — ausserdem in folgenden, **teilweise fremden**, Wörtern: āšdald F. „Anstalt", mit šê iron. = schlimme Sache; — diledab M. „ungeschickter Mensch" (s. bei i); — dsigar F. „Cigarre"; — dûbag M „Tabak"; — cîraf M. „Giraffe"; — ƙarəᵘadš F. (im Nhd. entlehnt aus dem Slav., vgl. poln. karbacz); — nāxdigal F. (mhd. nahtegal, ahd. nahtigala); — rūmšdaliərɔ̄ „herumscheuchen, quälen" (zu stallen „auskramen", frz. étaler, oder it. scagliare „schuppen, schleudern", scagliare un colpo „einen Streich versetzen"); — šābrnag M. „boshafter Streich" (mhd. schabernac); — šdōrags M. „Rausch"; — šilabog M. „schielender Mensch".

3. **Schreibweise.** Dieselbe ist überall a und nur durch die folgende Konsonanz von Interesse; wir führen an: 1592 des hailigen Reichs Statt, 1593 kallt, 1605 Allter, 1615 Statt „Stadt", 1631 Gewaldt, Marckht, 1685 Vatter, 1763 schwartz, barchetin, Vatter.

§ 20. ȫ ū̃ ō̃, wozu wir noch den Diphthongen əū stellen, kommen nur in folgenden Fuhrmannsausdrücken vor:

'ū! „vorwärts"; — 'odū! „rechts!" [auch nur 'od!]: — 'ūšd! 'ūšdō! „links"!: — ō'a! „halt";; — 'əūf! 'əūfō! „zurück"!

§ 21. û entspricht

1. mhd. u

a. im Auslaut: in betontem dû (mhd. ahd. du); ferner in den Fremdwörtern: bardû Adv. „durchaus" (frz. partout); — gû M. „Geschmack und Geruch" (frz. goût); — šalû „aufgeregt, rappelköpfig, sinnenverwirrt" (von frz. jaloux); — šmû M. „betrügerischer Gewinn" (hebr., zu „schmusen"); —

b. vor einfacher Konsonanz ausser t: becərûsl F. „eine Art von dicken Buschbohnen, auch dickes Kind"; — bfûsbag M. „Pausback" (setzt pfusen neben mhd. pfûsen „schnauben" voraus) [dazu bfûsə „die Backen aufblasen"]; — blaχmadûsl F. „Hosenknopf aus Blech"; — bûdl M. Fremdwort „kleines Fläschchen" (von frz. bouteille) [ebenso bûdəlê N. „Saugfläschchen, Fläschchen für Schnaps"]; — bûdl M. „Pudelhund, Person, die allerlei kleine unangenehme Geschäfte besorgen muss" (erst nhd.); — dsûbr M. (mhd. zuber, ahd. zubar); — dsûg M. (mhd. zuc-ges, ahd. zug) [ibrdsûg M. „Ueberzug"]; — dûdlə „summenden Lärm machen, trinken" (erst nhd., nach poln. dudlic von dudy „Sackpfeife") [dazu cedûdl N. „summender Lärm", sowie dûdlsag M. „Sackpfeife"]; — dûgəd F. (mhd. tugent tugende, ahd. tugend); — dûs F. „Dose" (erst nhd., aus ndd. dose, ndl. doos); — dûsl M. „Rausch" (erst nhd., aus ndd. dusel „Schwindel", vgl. engl. dizzy „schwindlig, thöricht") [dazu dûslə V. „halb schlafen"; — dûsəlic „gedankenlos, schläfrig"]; — dûsl F. „Ohrfeige" (eigtl. Beule, Drüse, zu dusen „schlagen", mhd. tuschen „schlagen, klopfen", vgl. engl. toss „schleudern", engl. dowse „Maulschelle"); — flûg M. „Flug, Zug Vögel" (mhd. vluc-ges, ahd flug); — clûf F. „Stecknadel" (aus spät mhd. glufe guffe); — 'ûdlə (mhd. hudeln); — 'ûsr M. „Schimpfname für Weingärtner"; — ǰûd M. (mhd. jude jüde); — ǰûgəd F. (mhd. jugent [d], ahd. jugund); — ǰûlî M. (lat. julius); — kûcl F. (mhd. kugel kugele); — lûcê F. (mhd. luc (g), lüge lügene, ahd. lugin); — mûs'əub F. „Haube aus Spitzen und Tüll verfertigt, auch grosse Mütze der Männer" (zu mhd mutze, mütze unter Ausfall des t? s. Grimm VI, 2837); — nûdl F. (erst früh nhd.); — rûgələ „fortrollen" (mhd. rugelen „sich rühren") [dazu rûgəlê N. „etwas, das fortrollt", in der Kindersprache]; — šdûb F. (mhd. stube, ahd. stuba); — šûb M. „Löffel voll" (mhd. schub) [dazu šûblâd F. „Schublade", šûblâdərudšr M. „Kaufmann"]; — sûdlə (spät mhd. sudelen zu sieden); — ûr F. (erst nhd., nach ndd. ûr); — ûr in ûrald „uralt", ûrânə F. „Urgrossmutter", ûrênê M. „Urgrossvater", ûrəsə Pl. „Speiseüberreste" (mhd. ur-alt, ur-ane, ur-ene, ur-âʒ [âʒ = Speise]); — wûslə „rasch gehen, wimmeln"; ebenso wûsəliχ „lebhaft, sich rasch bewegend"; — dazu die Fremdwörter: bolidûr F. „Politur"; — dûbag M. „Tabak" [hiezu ãnədûbag „in alter Zeit"]; — mõndûr F. „Anzug"; — nadûr F. „Natur, Körper- und Charakterbeschaffenheit"; —

c. vor Doppelkonsonanz und zwar vor ht: dsûxfəus N. (von mhd. ahd. zuht); — frûxd F. (mhd. vruht, ahd. fruht); — fûxdlə „eine Rute rasch und leicht in der Luft hin- und herschwingen" (von mhd. vuhten, Nebenform von vähten, Prät. von vëhten) [dazu fûxdl F. „Rute, mit der man fuchtelt, Person, die unbesonnen hin- und herrennt"; sõnəfûxdl F. „Spiegelscheibe, mit der man die Sonnenstrahlen auffängt und nach einem bestimmten Orte zurückfallen lässt"]; — sûxd F. (mhd. ahd. suht) [dazu šwêndsûxd F. „Schwindsucht"]; — vor rs: bûšd M. „Bursche" (mhd. burse „Börse, Genossenschaft, Haus derselben, speziell der Studenten"); — mûšd Adj., mûšdiχ Adj. „faul vom Apfelfleische, morsch vom Holze" (von mhd. murs mursch) [das r fiel früher in der M. vor Konsonanz nach langen Vokalen meist aus]; — ûšləburg M. „Ursulaberg"; — vor rst: dû(r)šd M. (mhd. ahd durst); — wûšd F. (mhd. ahd. wurst) [dazu: sišdmərneləswûšd „es ist mir alles einerlei"]; — vor rt: gûrd F. (mhd. gurt); —

'ûrd F. (mhd ahd. hurt) [ebenso ebfl'ûrd F. „Apfelhürde", neben ebfl'ud mit kurzem u wegen Ausfalls des r]; — vor rz: bûds M. „aufgewickelter Zopf der Frauen"; bûdsr M. „Hahn ohne Schwanz, kleines Kind"; bûdsərè F „Henne ohne Schwanz"; bû(r)dsl5 „burzeln"; bû(r)dslbôm M. „Burzelbaum" (alle diese Wörter hängen mit mhd. burzel bürzel „Steiss", burzeln „auf den Steiss fallen" zusammen); — fû(r)ds M. (mhd. vurz); — kû(r)ds (mhd. ahd. kurz); — šu(r)ds M. (mhd. schurz, ahd. scurz); — wû(r)dsl F. (mhd. wurzel, ahd. wurzala) [dazu bôdəwûdsl F. „kleine Person"]; — ausnahmsweise vor st: grûšd M. „Plunder, unordentlicher Haufen von Dingen" (zu mhd. rust „Werkzeug, Geräte") [dazu grûšdʒ „aus einem unordentlichen Haufen von Dingen etwas heraussuchen"; auch grûšdl, neben grûšl F., gewöhnlich ʒnaldəgrûšdl „altes Weib" scheint zu rust zu gehören im Sinne von „altes Geräte"]; — ausnahmsweise vor tsch in brûdš F. „widerwärtiges Gesicht" (im bayr. Franken bratschig von breitem dickem Gesicht); — ausnahmsweise vor sch in 'udəlûš M. „Spottname für Weingärtner" (hud = Tragkorb, aus Weiden geflochten, mhd. lusch = Versteck, hudəlûš eigtl. der hinter seinem Tragkorb Versteckte);

2. ausnahmsweise mhd. uo in bûdè F. „Kaufbude, Schaubude" (mhd. buode); — šûr F. „Schur der Schafe, Plackerei" (mhd. schuor); — šwûrgrîχd N. (erst früh nhd., Schwur mhd. nur in eidswuor);

3. û in unbetonter Silbe in ä'û M., in ʒnâ'û! ʒnaldʒnä'û! „es ist erlogen"! (mhd. Interj. ahû).

4. Die Schreibweise schwankt zwischen u und uh, namentlich finden sich im 16. und 17. Jh. die Formen Vhrtel Uhrtel „Urteil", neben Vrtel Vrthel Uhrtel, sowie Vhrkund, Uhrkund neben Urkund.

§ 22. u. Die M. hat namentlich vor ch und ck häufig noch u, wo im gemeinmhd. û gebräuchlich war.

u entspricht

1. mhd. u

a. vor t: blud Adj. Adv. „nackt, bloss" (mhd. blut); — budr M. (mhd. buter F., spät ahd. butera); — dsudl F. „schlampige, lüderliche Weibsperson" (mit mhd. zote zotte „was zotticht herabhängt", zoten „langsam gehen, schlendern" zusammenhängend) [dazu dsudlbadudlkôr N. „Gesindel"]; — frbudʒ sw. V. „körperlich und geistig im Wachstum zurückbleiben, verkrüppeln" (ndd. bot „stumpf", nieders. but „dumm", s. Grimm D. W. 2, 587); — hud M. „Rückenkorb der Weingärtner aus Weiden", ebfl'ud neben ebfl'ûrd F. „längliche, niedere Kiste, aus Latten gemacht, zur Aufbewahrung der Aepfel dienend" (offenbar fiel in der M. zunächst r vor Konsonanz aus, wodurch û wegen des folg. t kurz wurde; mhd. hurt „Flechtwerk von Reisern") [dazu 'udə'lš M. „Spottname für Weingärtner"]; — 'ud(ə)rʒ „rasch in die Kniee sitzen", dazu 'udis N. „Fangspiel, bei welchem die zu Fangenden rasch in die Kniee sitzen" (s. Grimm D. W. 4, 2. 1909); — 'udlʒ „ausseckeln" bei Kindern, wenn sie einander Marbeln etc. abgewinnen (wohl zu dem in Grimm D. W. 4, 2. 1863 behandelten hudeln „quälen, schlecht behandeln"); — kudl F. (mhd. kutel); — kudr N. „Abfall, besonders mit Holzteilen vermischter Staub" (setzt mhd. kuter neben kuder „Werg" voraus); — kudr M. „plattes Gefäss für Schnaps" (von mhd. kuterolf „langes, enges Glas"); — mènud F. (mhd. minute, lat. minuta [pars]); — regrud M. (von frz. la recrue „Zuwachs, Ersatzmannschaft"); — rul'ô M. „Fensterrouleau" (frz. rouleau „Rolle, Walze". niemals Fensterrouleau); — šlud F. „Weibsperson, die nachlässig in der Kleidung ist" (von mhd. slute „weites Frauenkleid für den Oberkörper"); — hiezu stellen wir das Fremdwort lub F. „Lupe" (aus frz. loupe entlehnt);

b. vor Geminata und Affricata und zwar

vor ch: buxdē M. „Spottname für Schuhmacher" (zu pëch bichen); — drux F. „Karren mit Kasten, der nach hinten abgelassen werden kann" (mhd. truhe truche, ahd. truha truccha „Kiste"); — kuxē F. (mhd. küche küchen, ahd. kuchîn); — šbrux M. (mhd. spruch, erst mhd. Ableitung zu sprechen); — vor ck: brug F. (mhd. brücke, ahd. brucka); — bugə (mhd. bücken, Intens. zu biegen); — bugl M. „Rücken, Höcker" (mhd. buckel); — drugə Adj. „trocken" (mhd. trucken trocken, ahd. trucchan trochan); — drugə „drücken" (mhd. drücken drucken, ahd. drucchen) [dazu q'ëšdrugədē F. „Druck, den viele Personen, die auf engen Raum zusammengepresst sind, auf einander ausüben"]; — dərug „zurück" (mhd. zerücke, ahd. zi-rucke); — dsugə (mhd. zucken zücken, ahd. zucchen zukken); — dsugr M. (mhd. zucker); — dug M., ə̄ēmədndugdəə „einem einen boshaften Streich spielen" (mhd. tuc(ck) duc(ck) „Schlag, Streich, Arglist"); — flug M. „Rotlauf in Folge einer Erkältung" (mhd. vlücke „fliegend"); — grug F. (mhd. krücke krucke, ahd. chruccha); — clukēn F. (mhd. klucke); — clugr M. „Marmel" (aus mhd. kluckern „mit Schnellkügelchen spielen") [dazu glugis „Spiel mit Schnellkügelchen"]; — gug F. „Düte" (zu mhd. kucke, Nebenf. von kocke „kleines Schiff", vgl. frz. coque „Schale, Eierschale"); — gugə (mhd. gucken gücken „neugierig schauen") [dazu gugēnē M. „Urgrossvater"]; — gugigao(χ) M., heisst hier meist 'übrmaox F. s. bei ā „Tragopogon pratensis" (von mhd. guck-gouch, weil die Stengel, die hier von den Kindern gegessen werden, zu gleicher Zeit erscheinen, wo der Kuckuck sich hören lässt; in andern Gegenden geradezu „kukuken" genannt); — gugug M. (spät mhd. kuckuck, gewöhnlich gouch; gugug ist eine onomatop. Wortbildung, die im 15. Jh. aus dem Ndl. nach Deutschland kam); — lug F. „Lücke, Scharte" (mhd. lücke lucke, ahd. lucka, nahe verwandt mit locker); — lugs Adj. „locker" (mhd. lücke lucke); — mug F. „Mücke, Fliege" (mhd. mücke mucke); — mugə, mugsə, mugiərə, frmugiərə, refl. V. „sich eine geringe Bewegung erlauben" (die Wörter beruhen auf mhd. muckzen muchzen, ahd. muccazzen „leise reden, mucken", Wz. muk „heimlich thun") [dazu mugr M. „heimtückischer Mensch" (erst nhd., das Wort kam im Anfang des 18. Jh. in Jena als Bezeichnung der Anhänger des pietistischen Theologen Buddeus auf)]; — rug M. (mhd. ruc-ckes, ahd. ruc) [dazu rugə „rücken"]); — fərugə „verrücken"; — fərugl „närrisch"; — rugē in rugəsbrōd „schwarzes Brot" (von mhd. ruckîn rückîn rüggin ruggîn „von Roggen"); — šdug N. (mhd. stücke, ahd. stucchi) [mōnšdug N. „Mundstück einer Trompete, sodann Sprechorgan"]; — šlugə „schlucken, still ertragen" (mhd. slucken); — buf M. (erst nhd., ein ndd. Wort, vgl. ndl. pof „Stoss, Schlag") [dazu bufə „puffen"]; — vor ff: muf M. (erst nhd., aus ndd. muff, vgl. ndl. mof, engl. muff, ein neugerm. Wort, zu frz. moufle, mlat. muffula gehörig); — vor gg: sugr M. „Lämmchen, das noch saugt" (zu mhd. suggeln „in kleinen Zügen saugen"); — vor ll: buləbəisr M. „böser Hund" (eigentl. einer, der gegen Stiere „Bullen" gehetzt wird; bulle ist weder ahd., noch mhd., sondern kommt von ndd. bullo, das auf bellen zurückgeht); — mulē N., neben milē, Kosenamen für Katze (mit moll mull, mhd. molwic, „weich" zusammenhängend); — nul F. (von lat. nullus); — wulē Adj. (mhd. wullîn wüllîn) [Subst. ᵘol F.]; — vor pf: kubfr N. (mhd. kupfer, ahd. chupfar); — rubfə „herausziehen, z. B. Salat" (mhd. rupfen, Intens. zu raufen) [dazu brubfə „Geflügel rupfen"]; — šdubfə (mhd. ahd. stupfen stüpfen); — šdrupf M. „Strippe der Stiefeln" (mhd. strüpfe) [dazu nāsəšdrubfərē F. „Weibsperson, die gern die Nase rümpft"]; — šlubfə (mhd. slupfen slüpfen, ahd. slupfen); — šnubfə „die Nase mit Tabak füllen" (von mhd.

snupfen „schnaufen") [dazu šnubə M. N., seltener šnubfə „Nasenkatarrh" (mhd. snupfe)]; — subfə (mhd. supfen); — vor pp: dubələ „schwankend gehen, herumtappen", dubəlr M. „dummer, auch aufgeregter Mensch" (mit mhd. tuppel „Plock" Nebenf. von tübel zusammenhängend, vgl. dibl): — club(ə)rə „Eierbrei mit einem Löffel schlagen, rühren" (zu mhd. kluppe „Zange", quirlartig gespaltenes Stück") [dazu auch clubrədè F. „grosser Haufen"; ferner clubr'ös F. „weite Hose"]; — iub F. (mhd. juppe joppe jope); — kublə „an die Kuppel legen, vereinigen, eine Heirat vermitteln, ehlich verbinden" (mhd. kuppeln koppeln); — lubl F. „Lippe, mürrisches Gesicht" (Lippe ist dem Mhd. Ahd. fremd, es ist das ndd. md. Wort für mundartl. lefdse F.); — sub F. (mhd. suppe); — vor rr: burə M. „Beule" (zu mhd. burr „Hügel"; burren, Nebenf. bürn „erheben"); — kurê F. „Mut" (offenbar Fremdwort von frz. courage); — kurə „knurren vom Hunde, auch vom Magen" (mhd. kurren „grunzen" Schwesterform von knirren und knarren, md. knurren, mhd. gnarren); — šnurbärd M. (Schnurre „Maul, Schnauze" ist ein echt oberd. Wort, das allerdings im Mhd. und Ahd. nicht bezeugt ist): — šnurə, dsêməšnurə „einschrumpfen, zusammenschrumpfen" (mhd. snurren „sausen", vgl. auch snurz „Zusammenschrumpfung"); — vor ss: kus M. (mhd. kus-sses, ahd. kus); — susè M. „Julius"; — vor tt: sudrgruəg M. „enghalsiger Krug aus Steingut" (von mhd. suttern „im Kochen überwallen") [dazu sudrgruəgsubfr M. „Spottname für Weingärtner"]: — vor tz: budsə (aus spät mhd. butzen „schmücken"); — budsə M. „Schnuppe des Lichts, auch am Obst, was von der Blüte dürr zurückbleibt" (zu mhd. butze „Vogelscheuche, Poltergeist, abgeschnittenes Stück"?); — drudsə (mhd. trutzen, gewöhnl. tratzen) [dazu drudsiχ „trotzig"]; — dudsəd N. (spät mhd. totzen aus frz. douzaine); — 'udsl F. „ganze Birne gedörrt" (mhd. hutzel hützel): — nudsə M. und V. (von mhd. nutz M. nutzen nützen); — vor ʒʒ: gus M. (mhd. ahd. guʒ[ʒʒ]); — šus M. (mhd. schuʒ[ʒʒ], ahd. scuʒ[ʒʒ]);

c. vor sonstiger Doppelkonsonanz und zwar

vor ft: fufd „fünfte" (unter Ausfall von n aus mhd. vünfte, ahd. fünfto funfto) [ebenso fufdsê „fünfzehn", fufdsc „fünfzig"]: — lufd M., seltener F. (mhd. ahd. luft) [dazu lufdə in əuslufdə „auslüften"]; — šufd M. (erst nhd., nach ndd. schuft, ndl. schoft); — bugs M. (mhd. ahd. buhs, nach lat. buxus); — fugs M. „Fuchs, schlauer Mensch" (mhd. vuhs, ahd. fuhs, ndl. vos): — lugs M. (mhd. ahd. luhs); — vor ld lt: guldè M. (mhd. gulden güldîn, eigentl. der Güldene); — puld M. (spät mhd. pult, älter pulpt pulpet pulpit, aus lat. pulpitum); — šuld F. (mhd. schult schulde) [dazu šuldiχ „schuldig", sowie šuldəs M. (mhd. schultheiʒe schultheitze „der Verpflichtungen befiehlt, Richter")]: — vor lst: cšwulšd F. (mhd. geswulst): — vor lv: bulfr N. (auf dem Lande auch burfl, mhd. pulver): — vor lz: suls F. „gallertartige Masse, schmelzender Schnee, weiche Masse" (mhd. sulz sülze, ahd. sulza) [dazu sulsiχ Adj.]: — vor ps: gubs F. „eitles, stolzes, anmassendes Fräulein" (kontr. aus gûbitz, Nebenf. von gîbitze? vgl. das gleichbed. gəifids F.); — wubdsè in wubsdê! 'əd(ə)rðēnē! „schwapp! da hat er eine!" (Interj.); — vor rch: dur „durch" (mhd. durch dur) [auch in Zusammens. z. B. durgǟə „durchgehen"]; — furx F. (mhd. vurch, ahd. furuh) [dazu furxərudər M. „Spottname für Weingärtner"]; vor rd rt in wurd Sing. Präs. Ind. (von mhd. wërden, schon mhd wurde wurst wurt); — vor rf: wurf M. (mhd. ahd. wurf): — vor rg: gurel F. (mhd. gurgel, ahd. gurgula); — šurg M. (erst nhd., zu ahd. fir-scurgo: fir-scurigen „verstossen"): — vor rm: durm M., daneben durn (mhd. turm turn torm torn, ahd. nur turra und turri, entsprechend lat. turris): — durml M. „Taumel", durmlə „taumeln" (mhd. turmeln türmeln); — wurm M. (mhd. ahd. wurm): — vor rn: durnə, neuer furnə (erst nhd., von frz. tourner „sich drehen"); — durnə neben dōnərə (von mhd. durne dunre, Nebenf. von doner toner): — 'urniglə „hageln, zugleich regnen und schneien, in den Fingerspitzen empfindlich frieren" (wohl zu mhd. horniz hornuz; zunächst scheint das Wort den sausenden Klang zu malen, dann ist der Stich des Tiers als Vergleich herbeizuziehen; doch s. Schmeller I. 52 igeln, hurnigeln); — vor sch: bfušə „pfuschen" (erst nhd.) [ebenso bfušr M.]; — bušl F. (mhd. büschel); — mušgnus F. „Muskatnuss" (mhd. muscât-nuz); — mušl F. (mhd. muschel, ahd. muscula, aus lat. musculus); — musel F. (erst nhd., aus lat. musculus); — vor st: brušd F. (mhd. ahd. brust); — clušd M. (mhd. ge-luste) [ebenso clušdə „gelüsten", sowie Adj. clišdiχ]; — gušdl M. „Gustav"; — ƙušd(ə)rə „durchstöbern, mustern" (von mhd. kust „Prüfung, Befund", kusten kosten „prüfend beschauen", zu kiesen); — lušd F. (mhd. ahd. lust) [dazu lušdic „lustig"]; — mušdr N. „Muster, auch unordentliche Weibsperson" (früh nhd., aus it. mostra); — vor tsch: gudš F. (erst früh nhd., aus ungar. koszi „Wagen aus Koszi") [dazu gudšr M. „Kutscher"]; — 'udš F. in fudšfenfədš ǝndrdnecsǝfencsclə „unordentliche Leute treffen sich" (mhd. hutsch Interj., „raschen Schwung in die Höhe bezeichnend"); — mudšl F. „mürbes Gebäck mit meist sieben Zinken, einen Stern vorstellend, das am Donnerstag nach dem Erscheinungsfest, dem mudšlədág, gebacken wird" (mhd. mütsche-lîn, Dim. von mutsche „Brot von geringerer Grösse und Beschaffenheit"); — rudšə (mhd. rutschen rütschen) [dazu rudšiχ „glatt", sowie rudš F. „kleiner niederer Schlitten ohne Lehne"];

2. mhd. û in usə „aussen" (mhd. ûzen, ahd. ûzana), dusə „draussen", 'usə „da aussen", [dagegen aus „aus", ausr „ausser"];

3. u kommt in unbetonter Silbe vor und zwar

a. vor der Tonsilbe in folgenden meist fremden Wörtern: blusónr M. „Spottname für Weingärtner" (eigentl. Blusenträger, von frz. blouse); — gugómr F. „Gurke" (aus lat. cucumer, cucumis); — 'urnous F. (mhd. hornûz); — 'usár M. (erst seit 16. Jh., aus ungar. huszar); — ƙǝndugdér M. (frz. conducteur); — ƙuránsə „herumscheuchen, zusetzen" (volksmässiges Kraftwort, im 17. Jh. auftauchend, ältere Form kurrenzen); — ƙurnslə „stark springen" (von frz. courir); — músic F. (lat. musica) [dazu musiƙánd M. „Musikant"]; — bfǝlmusiƙánd „Pfahlmusikant", Spottname für Weingärtner); — šdudénd M. (schon mhd. studente) [dazu šdudiərə „studieren, nachdenken, grübeln", sowie bergšdudénd M. „Bergstudent" Spottname für Weingärtner]; — ulá M. „Uhlan";

b. nach der Tonsilbe in dem Fremdwort ƙadeq'ismus M. „Katechismus".

4. Schreibweise: 1592 vffs, 1592 dadorch, 1593 vsser, 1593 Antwurth, 1594 vsserthalb, 1597 usstehn „ausstehen", 1599 vffgebenn, 1600 Antwurt, usser, vff, vfferzogen, 1602 durn „Turm", Antwurt, 1605 vff, vfferlegte, 1620 Antwurt, 1629 vff, vssgesagt, 1631 Goldtguldin, 1665 auss, 1673 aussgestanden, 1673 zurückgelegt, 1676 durn „Turm", ohnschuldt, 1677 vsserthalb, 1685 wurdt, 1705 Pursches „Burschen", wurdt, 1757 gedult, 1763 Pfulben.

§ 23. ŏ entspricht

1. mhd. o und zwar

a. vor einfacher Konsonanz ausser t: beföl̥ə Part. (von mhd. Inf. bevëlen für bevëlhen, Part. bevolen bevolhen); — bódə M. (mhd. boden bodem, ahd. bodam); — bógə M. (mhd. boge, ahd. bogo) [ebenso ęləbógə M. „Ellenbogen", rεəgəbógə M. „Regenbogen"]; — ebenso bógə Part. (mhd. gebogen von biegen) [hiezu ǝmbógə, rǝmbógə „umgebogen"]; — döbl M. in dǝišiémədóbl „da geht's toll zu" (spielende Etymologisierung, zu mhd. toben); — dóradé F. „Dorothea"; — dóros M. „Theodor"; — dróg M. (mhd. ahd. troc[g]) [hiezu mεəldróg M. „Mehltruhe", sǝuədróg M. „Sautrog"]; — dsigóré M. (aus lat. cichorium); — dsógə Part. (mhd. gezogen von ziehen) [dazu ådəògə „angezogen"]; — föel M. (mhd. vogel, ahd. fogal); — cebôrə Part. (mhd. geborn zu gebërn); — clöb M. „Kloben, Tabakspfeife mit weitem Kopf, schlechtes Pferd, grober Mensch", letzteres verstärkt səuclöb M. (mhd. klobo „gespaltenes Holzstück zum Festhalten"); — clögə Part. (mhd. gelogen, von liegen) [dazu frlögə „erlogen"]; — cšdölə Part. (von mhd. Inf. stëlen stëln); — cšöbə Part. (mhd. geschoben von schieben); — cšuörə Part. (mhd. gesworn von swern swerjen); — guöbə Part. (von mhd. wëben); — 'öbl M. (mhd. selten hobel hovel) [ebenso 'öblə]; — 'öf M. (mhd. ahd. hof) [ebenso q'irx'öf M. „Gottesacker"]; — 'öl Adj. (mhd. ahd. hol); — 'ölə (mhd. holen, ahd. holôn halôn); — 'ös F. (mhd. hose, ahd. hosa); — kămisöl N. „Hinterteil" in skămisölfr'aoə „das Hintertoil durchhauen" (bloss nhd., nach frz. camisole „Unterjacke", mlat. camisia „Hemd"); — kašdröl N. „Bratpfanne"; auch Hinterteil in skašdrölfrsilbərə, skašdrölfr'aoə (von frz. casserole); — kŏl F. (mhd. kole F., kolo kol M., kol N., ahd. cholo M., chol N.); — kŏmòd M., auch Adj., „Kommode, bequem" (aus frz. commode); — kösl F. „Mutterschwein, schmutzige Weibsperson" (s. Grimm D. W. 5, 1842) [dazu wohl auch kösbaux M. „Schmerbauch"]; — löb N. (mhd. lop [b], ahd. lob N. M.) [ebenso löbə „loben"]; — löbl M. „Gottlob"; — lödə M. „Lappen, Lumpen" (mhd. lode „Zotte, grobes Wollenzeug"); — lös(ə)nə „horchen, lauschen" (mhd. losen „hörend achtgeben") [dazu wohl auch als Weiterbildung lošörə „einem aufpassen"; (losen kommt übrigens schon mhd. in Verbindung mit hören vor: hört und lost)]; — marmôr M. (von lat. marmor, dafür mhd. marmel, ahd. marmul); — mödĕ F. (aus frz. mode) [dazu mödeguĭ(r)ds N. „feines Gewürz bräunlicher Farbe, das man unter den Wurstbrei mischt"]; — mödl M. „Backform" (aus mhd. model); — mös N. (mhd. ahd. mos); — nöbl Adj. „vornehm, vorzüglich, gut, schön, auch von Sachen" (von frz. noble, mlat. nobulus noblus nobile); — ôb Konj. (mhd. obe ob op, ahd. oba); — ôbə „oben" (mhd. obene, ahd. obana) [dazu döbə „droben", 'ôbə „da oben"]; — ôb(ə)rămd N. „Oberamt", ôrbed N. „Oberbett", ôbršd M. „Oberst" (zu mhd. obere, ahd. obaro); — ôbsd N. (mit jungem Dental, mhd. obez, ahd. obaz); — ôdr (mhd. odor, ahd. odar); — öfə M. (mhd. oven, ahd. ovan); — ölĕm M. in soidölĕmsdsoid „seit Olims Zeit" (lat. olim „ehemals", in vorstehender Redensart als fingierter Eigenname); — röbl M. „Robert"; — šdörags M. „Rausch"; — södă M. „Soda"; — söl F. (mhd. sol sole, ahd. sola); — tiröl N. „Tyrol"; — uöl Adj. Adv. (mhd. wol, ahd. wola); — [dagegen uolfl „wohlfeil" aus mhd. wol veile wolveil];

b. ausnahmsweise vor t in dem Fremdwort nöd F. „musikalische Note" (mhd. note aus lat. nota);

c. vor Doppelkonsonanz und zwar ausnahmsweise vor ch: kôx M. (mhd. koch, ahd. choh [hh]); — nô Adv., neben nŏ „noch" betont (mhd. noch, ahd. noh) [unbetont wird no nŏ daraus; nodrəi „noch drei"; vor Nasal stets nŏ: nŏ'mŏl „noch einmal"]; — vor ht: dôxdr F. (mhd. ahd. tohter); — cflöxdə Part. (mhd. gevlohten von vlëhten); — cföxdə Part. (von mhd. vëhten); — ausnahmsweise vor ll in föl „voll" (mhd. vol [ll], ahd. fol [ll]) [in Zusammensetz. = fol, z. B. folmô M. „Vollmond"]; — dörd F. „Torte" (erst früh nhd., nach frz. tarte); — dô(r)d, wenn betont, auch in dərdô(r)d „der dort" (mhd. dort, ahd. dorot) [aber dordibə „dort drüben", dordnŏm „dort hinum"; auf dem Lande statt dô(r)d auch dĕd]; — ausnahmsweise vor st in mösd, seltener môršd M. (mhd. ahd. most, aus lat. mustum); — ausnahmsweise vor c = ts in dem Fremdwort renödsoros N. „Dummkopf" (schon mhd. rinoceront, rinôceros, aus dem Gr.);

2. mhd. ô (das gewöhnlich zu ao wird) in folgenden urspr. meist nicht volkstümlichen Formen:

brôb F. (spät mhd. prôbe, nach it. prova); — brôd N. (mhd. brôt); — fœrnrôr N. [Rohr sonst raor, z. B. ôfəraor, šdîflraor] (mhd. ahd. rôr, Gen. rôres); — clôšdr N. (mhd. ahd. klôster, aus mlat.-roman. claustrum); — 'ôdəidš Adj. „hochdeutsch" [hoch sonst 'ao] (mhd. hôch, ahd. hôh); — lôrbêr M. (mhd. lôrber. ahd. lôrberi, von lat. laurus); — lôs N. (mhd. ahd. lôʒ M. N.) [das Adj. los = laos]; — lôd N. = [500]/32 g (mhd. lôt „Blei, aus Blei gegossenes Gewicht"); — môr M. (mhd. ahd. môr, aus mlat. Maurus); — ô! Interj. (mhd. ô); — rôs F. „Rose als Blume und als Krankheit" (mhd. rôse, ahd. rôsa, aus lat. rosa); — rôsmərîê M. (erst früh nhd., nach lat. rosmarinus, im Deutschen und Engl. (rosmary) vom Sprachgefühl zu Rose gezogen); — rôš M., auch rôsch (mhd. rôst M. „Scheiterhaufen, Glut", ahd. rôst M. rôsta F.) [ebenso bedrôš M. „Bettrost"]; — šrôd N. (mhd. schrot, ahd. scrôt) [ebenso šrôdq'igəlê N. „Schrotkügelchen"]; — sô (mhd. ahd. sô).

3. ô nach der Tonsilbe in folgenden meist fremden Wörtern:

ambôs M. (mhd. anebôʒ, zu ahd. bôʒan, mhd. bôʒen „schlagen, stossen"); — almôsə M. (mhd. almuosen, ahd. alamuosan, alamôsan); — bordô N., neuer pordô „Porto" (aus it. porto [di lettere] von lat. portare); — bordô M. „Wein aus Bordeaux"; — figdôr M. „Viktor"; — rulô M. „Fensterrouleau" (aus frz. rouleau); — fêdôr M. „Theodor".

4. Schreibweise. Dieselbe schwankt zwischen o und oh: 1616 Allmosen, geholet, 1703 wohlweiss, Hossen „Hose", Hochedelgebohren, 1783 gebohrnen.

§ 24. o entspricht

1. mhd. o und zwar

a. vor t: bod M. (mhd. bote, ahd. boto); — bod in iəbod Adv. „bisweilen", ælbod Adv. „häufig" (von mhd. gebot); — bodə Part. „Geld geboten, vor Gericht geladen", in letzterem auch mit Dat. (von mhd. Inf. bieten); — bodræd N. „Bild" (aus frz. portrait, von mlat. protrahere); — dodə F. „Patin" (mhd. tote totinne); — dodr M. (mhd. toter); — god M. (mhd. got) [dazu godsic Adj. „einzig" aus gotes einzec); — grod F. „Kröte, kleines unartiges Kind" (mhd. krote kröte, ahd. chrota); — esodə Part. (mhd. gesoten von sieden); — 'ôndsfod F. in iəə'ôndsfod! „es ist erlogen" (erst früh nhd., eigtl. cunnus canis); — ausnahmsweise vor r: forᵘœrds (von mhd. vor) [vor sonst fər]; — ausnahmsweise vor s in rosmug F. „Sommersprosse" (mhd. Adj. ros-muggëht von rosome rosem „Sommersprosse, Fleck");

b. vor Geminata und Affricata und zwar vor ch: blog M. (mhd. bloch, ahd. bloh) [dazu frblociərə „Gegenstände so vor eine Thüre stellen, dass man dieselbe nicht öffnen kann"] (das deutsche Wort drang zunächst in's Roman., frz. bloc bloquer, woher wieder blociərə); — broxə Part. (mhd. gebrochen von brëchen); — cnox M. (mhd. selten knoche, fehlt dem Ahd.); — cšdoxə Part. (von mhd. stëchen); — iox N. (mhd. joch, ahd. joh [hh]); — koxə (mhd. kochen, ahd. chohhôn, aus lat. coquere); — lox N. (mhd. loch, ahd. loh-hhes); — ᵘox F. (mhd. woche, ahd. wohha); — vor ck: bog M. „Geissbock, Schafbock, Sägbock, Bock, auf den man Bretter legt etc., Fehler" (mhd. bock, ahd. boc); — dog F. „Puppe" (mhd. tocke, ahd. toccha); — doglmousr M. (mhd. tockelmûser, von mhd. tucken „ducken" und mûsen „mausen, schleichen"); — fršrogə Part. (von mhd. schrëcken); — clog F. (mhd. glocke, ahd. glocka); — gogəlr M. (frz. coq, engl. cock, aus dem Kelt.); — log F. „Haarlocke" (mhd. loc-ckes, ahd. loc); — logr Adj. [daneben lugs, namentlich vom Brote, der Erde und weitmaschiger Stickerei] (erst früh nhd. mit der mhd. Nebenform loger, dafür oberd. lucke lücke); — mog M. „grosses Stück Brot" (mhd. mocke „Klumpen, Brocken"); — mogl F. in der Kindersprache „Kuh" (zu dem erst im

16. Jh. auftauchenden mucke, das wieder zu mucken „brummen" gehört; letzteres geht auf die Nachahmung eines Lauts zurück, vgl. die Interj. muck); — mogl F. „Herbstzeitlose", deren Blätter hier zum Eierfärben verwendet werden (wohl von der Form der Samenkapseln, in andern Gegenden auch Kuheuter genannt); — rog M (mhd. roc-ckes, ahd. rocch); — šdog M. (mhd. stoc [ck], ahd. stoc [cch]) [dazu šdogə „mit einem Stock beim Gehen auf den Boden stossen"]; — šoxə M. „Haufen von Heu, Mist etc., von starkem Gelächter, von hoher Kopfbedeckung der Männer und Weiber, von der Tournüre" (mhd. schoc-ckes schoch schock) [dazu šoxə „häufeln"]; — sog F. (mhd. soc [ck] socke, ahd. soccho); — sogl M. (erst nhd., nach frz. socle, lat. socculus); — vor ff: bändofl F.. ȯndrm bändoff'uldə „in Unterthänigkeit halten" (erst früh nhd. aus it. pantofola, frz. pantoufle) [dazu bandoflə „das Leder unter dem Pantoffelholz, einem mit einer gewölbten Korkmasse belegten Holzstück, geschmeidig machen"]; — drofə Part. (mhd. troffen von trëffen); — esofə Part. (mhd. gesoffen von sûfen) [bsofə Adj. „besoffen"; frsofə Part. „ersoffen", auch Adj. = der gerne sauft]; — 'ofə (mhd hoffen); — ƙofr N., selten M. (erst nhd. aus frz. coffre); — dazu stellen wir das Fremdwort sofā M. (frz. sofa, aus dem Arab. „hoher Tritt, auf dem türk. Grosse Audienz geben"); — vor gg: dog F. (erst nhd., aus ndl. engl. dog) [dazu buldog F. „Bulldogge"]; — vor ll: bol F. „Stück Erde, grosses Stück Käse, dicke Person" (mhd. bolle, ahd. bolla) [dazu bolē M. „grober Mensch", drecbolē M. „schmutziger Mensch"; auch ein Spiel „Räuber und Bolle", wobei ein flacher Stein in die Höhe geworfen wird und beim Zurückfallen je nach der oben liegen bleibenden Seite darüber entscheidet, ob der eine oder andere Teil der Mitspielenden die Rolle der sich versteckenden Räuber oder der suchenden „bolē" übernimmt]; — dol (setzt toll für mhd. ahd. tol voraus); — dsol M. „Längenmass" (mhd. zol-lles); — dsol M. „Abgabe" (mhd. zol-lles) [dazu frdsolə „verzollen"]; — golr M. „eine Art Weste aus starkem Leder, die beim Erdentragen angelegt wird" (mhd. koller kollier gollier goller „Halsbekleidung, Leib ohne Aermel", aus frz. collier, lat. collarium); — cšuolə Part. (mhd. geswollen von swëllen); — molχ M. (mit erst früh nhd. angetretenem Suffix ch aus mhd. mol N. molle M.); — rol F. (mhd. rolle rulle, neben rodel rottel, nach mlat. rotulus rotula oder der zugehörigen roman. Sippe); — šol F. (mhd. scholle, ahd. scolla F. scollo M.); — šmolə „heimlich lachen" (mhd. smollen); — solə Inf. u. Part. (von mhd. sollen, Nebenf. von soln) [Präs. Ind. sol solešd sol, solē (solud) etc.; Präs. Konj. Sing., ebenso Pl. solē etc.; Prät. Konj. sod sodešd sod sodē etc.]; — ᵘol F. (mhd. wolle, ahd. wolla); — vor pf pp: bobl F. „Knäuel" (mit mhd. popeln „sprudeln, bullern", dän. boble engl. bubble „Wasserblase" zusammenhängend?); — brobfr M. „Kork" (erst seit 18. Jh. bezeugt, von ndd. propp, ndl. prop „Kork, Stöpsel" engl. prop „Stütze"); — dobləd (erst nhd. aus frz. double, wovon auch mhd. dublin); — drobf M. „Tropfen, auch Schlingel, armseliger Mensch" (mhd. tropfe troffe, ahd. tropfo troffo); — drobflə (mhd. tröpfeln); — dsobf M. (mhd. ahd. zopf) [dazu dsobfə „die Haare flechten"]; — dsobflə „Früchte, namentlich Hopfen abnehmen" (erst nhd., Denominativ zu Zopf); — clobfə (mhd. klopfen, ahd. chlopfôn); — cxobf M. (mhd. ahd. knopf) [dazu cxobflochônefiersedéd F. „Frauenarbeitsschule"]; — grobf M. (mhd. ahd. kropf); — 'obə „hinken", neben 'ėgə (von mhd. hoppen, Nebenf. von hupfen); — 'obf F. (mhd. hopfe, spät ahd. hopfo); — 'obsə „springen" (mhd. hopfen; pf erhält sich in 'obfələiẓd „sehr leicht"); — ƙobə „koppen von Pferden" (von mhd. koppe M. „Rülpsen") [dazu ƙobr M. „Rülpser"; ƙobrėəməə M. „Riemen, den man den Pferden straff um den Hals legt, wenn sie koppen, auch scherzhaft vom Halsbande des Menschen"]; — ƙobf M. (mhd. kopf „Trinkgefäss, Hirnschale, Kopf"); — nobə „die Knoten vom Tuche abzwicken" (mhd. noppen); —

šobə M. (erst nhd., nach ndd. schopen); — šobə „schieben“ (mhd. schopfen „stopfen“ zu schieben) [dazu fršobə „verstecken“]; — vor ss: boslə „kleine Arbeiten geschickt verrichten, auch Handlangerdienste versehen“ (aus frz. bosseler „getrieben arbeiten“); — grošə M. (mhd. gros grosse aus lat. grossus); — ros in ros'ər N.; rosmug F. „Bremse, Stechfliege“ (von mhd ahd. ros-sses) [sonst Ross = gɔul]; — vor tt: drod F. „Kasten der Obstpressen, in welchen das gemahlene Obst geschüttet wird“ (mhd. trotte trote, ahd. trotta „Weinpresse“); — dsodl F. „Zottel“ (mhd. zotte zote M. F.); — 'odɔdod M. „wilder, unbändiger Mensch“ (Hottentotte); — ódîlè F. N. „Ottilie“, ódô M. „Otto“; — šdod(ɔ)rə [dafür auch gadsgə] (nach dem Md. Ndd., ndl. stotteren Intens. zu stoten „stossen“) [hiezu cšdodr N. „Gestotter“]; — vor tz z: blodsə „am Brunnen pumpen“ (von mhd. ploz plotzes „geschwinder, mit Schall auffallender Schlag“) [auch budr blodsə „Butter ausrühren“; blodsmilχ F. „Buttermilch“, auch von trübem Wein und Most gebraucht; blodsbrõnə M. „Pumpbrunnen“; blodsǩōsl F. „fettleibiger Mensch“; endlich blodsə „einen am Kopf und den Beinen nehmen und ihm das Hinterteil irgendwo aufpumpen“]; — brodslə „vom Geräusch, das beim Sieden des Schmalzes entsteht, weiter braten“ (zu mhd. brodelen); — fr'odsə „rütteln, erschüttern“ (zu mhd. hotze hotsche „Wiege, Schaukel“, nächster Verwandter von hotteln hotten); — clods M. „Holzklotz, plumper, unbeholfener Mensch“ (mhd. kloz-tzes) [clodsǩobf M. „Kopf mit wirren Haaren, durch welche der Kamm schwer geht“; ferner clodsic Adj, vom Holze, sowie in clodsicrq'ærlè „verstockter, halsstarriger Mensch“]; — 'ods! Interj., z. B. 'odsiə „es fällt mir ein“, 'odsdausəd! „potz tausend!“ (zu mhd. hoz? Interj.); — rods M. „Nasenschleim, auch Pferdekrankheit“ (mhd. roz rotz, ahd. roz) [dazu rodsr M. „Rotzbube“; rodsic Adj.]; — šlodsə „am Saugbeutel ziehen“, auch in dsugršlodsə „am Zucker saugen“ (s. Schmeller 2. 540) [dazu šlodsr „Sauglàppchen für Kinder“; neben šlodsə „am Sauglàppchen ziehen“ wird auch šnulə gebraucht, ebenso šnulr M. šnulè N. „Sauglàppchen oder der dasselbe ersetzende Gummistöpsel“]; — šmarodslə (spät mhd. smorotzen) [dazu šmarodslr M. „Schmarotzer“]; — šmods M. „Fett zum Einschmieren“ (von mhd. smotzen „schmutzig sein“) [dazu fršmodsə „mit Fett beschmieren“]; — vor ȥȥ: cšlosə Part. (von mhd. slieȥen); — cšosə Part. (von mhd. schieȥen); — šlos N. (mhd. sloȥ-ȥȥes „Riegel, Burg“, ahd. sloȥ):

c. ausserdem vor Doppelkonsonanz und zwar

vor ft: ofd Adv. (mhd. oft ofte, ahd. ofto); — vor gt (auch ct): dogdr M. „Arzt“ (lat. doctor); — fogd in bædlfogd M. „Ausscheller“ [neuer ɔusriəfr „Ausrufer“] (mhd. vogt vogat); — vor hs: ogs M. „Ochse, dummer Mensch“ (mhd. ohse, ahd. ohso); — vor lb: ǩolbə M. „Gewehrkolben, Glaskolben“ (mhd. kolbe, ahd. cholbo); — vor ld: bold(ɔ)rə (spät mhd. buldern, wohl ein onomatop. Schallwort): — gold N. (mhd. golt(d), ahd. gold); — 'oldè M. „Reinhold, Gotthold“; — vor lf: wolf M. (mhd. ahd. wolf); — vor lp: šdolb(ɔ)rə „stolpern“ (erst früh nhd., onomatop. Bildung); — vor lst: bolšdr N. (mhd. polster bolster, ahd. bolstar); — vor lt: foldr F. (erst früh nhd., aus spät mhd. vultern) [dazu fold(ɔ)rə „foltern“]; — goldə Part. (von mhd. gëlten); — vor lz: cšmolsə Part. (von mhd. smëlzen); — 'ols N. (mhd. ahd. holz); — vor ps: 'obsə „springen, hüpfen“ (von mhd. hoppen): — mobs M. (erst nhd, aus ndd. ndl. mops, germ. Wz. mup „das Gesicht verziehen“); — vor r + Kons., dabei ist zu bemerken, dass in vielen der folgenden Wörter neuerdings ɔ an Stelle von o tritt; vor rd: bordô M. „Wein von Bordeaux“; — ǩordl F. (erst nhd, aus frz. corde cordelle); — mord M. auch mɔrd [in Zusammens. stets ɔ, z. B. mɔ(r)dbrênr M. „Mordbrenner“, mɔ(r)dšdrəl M., vereinzelt noch mɔ(r)dšdəl „Galgenstrick“ (statt Mordstahl), mɔrdblids „Galgenschwengel“] (mhd. mort-des); — ordə M. [selten ɔ] (mhd. orden); — ordnə (mhd. ordenen, ahd. ordinôn, nach lat. ordinare); — vor rf: dorf N. [auch dorf] (mhd. ahd. dorf) [Torf gewöhnlich dorf]; — vor rn: dornišdr M. [häufiger dornišdr, dänišdr] (erst im 18. Jh. aus ungar. tariszuya „Vorratssack“); — vor rt: bord F. (mhd. borte, ahd. borto) [bordəwirgr M. „Bortenmacher“]; — bordô N. [neuerdings auch pordô] (aus it. porto [die lettere]); — ford [älter furd] (mhd. vort) [r und d fallen weg in foošied „fortgeschickt“, maxdasdė fokõmšd „mach dass du fortkommst“]; — sord F, seltener sord (erst nhd. aus it. sorta); — fodə M., neben dordə in nfodəšbilə „einen Streich spielen“ (erst nhd. nach frz. tort); — vor sc sch: boš M. „Strauch, Busch“ (mhd. busch bosch, ahd. busc); — froš M. (mhd. vrosch, ahd. frosk); — goš F. (vom alten gesčõn „den Mund aufsperren“ oder mit mhd. ahd. gōʒ „Guss“ zusammenhängend, wovon Gossen „Aufschüttekasten in der Mühle“?); — vor st: bošd F. (erst früh nhd., nach it. posta, frz. poste, das auf mlat. posita „Standort“ beruht); — clošdə „glimmen“ (mhd. glosten, Nebenf. zu glosen „glühen, glänzen“); — košd F. (mhd. kost koste „Zehrung, Speise“); — košdə (mhd. kosten); — rošd M. „aerugo“ (mhd. ahd. rost).

2. o kommt in unbetonter Silbe in folgenden meist fremden Wörtern vor und zwar

a. vor der Tonsilbe: bodndäd M., neuer pododäd in šlẽmrbodndäd „gewaltthätiger Mann“ (aus lat. potens); — bolag M. „Polake = Polizeidiener“ (in Volksetymologie umgebildet aus Polizei); — boliərə (mhd. polieren, entlehnt aus lat polire); — bolis M. „Polizeisoldat“ (von mhd. polizî aus mlat. politia policia); — brobiərə (mhd. prûbieren aus lat. probare); — brodsẽs M. (mhd. procëss, aus lat. processus); — brofẽsr M. (lat. professor); — brofẽd M. (mhd. prophête prophët, aus lat. propheta); — brofid M. (von frz. profit, aus lat. profectus); — forɛl F. (Dim. zu älterem Forene, mhd. forle forhen forhe); — fošiərə „die Fähigkeit haben, etwas durchzuführen, einem Geschäft vorzustehen“ (von frz. forcer); — godənəbad „guten Abend!“ [gut sonst guəd]; — grogədil N. (lat. crocodilus); — grosdãŋg! „grossen Dank!“ [gross sonst graos]: — 'ošo'ö M. „unüberlegter Mensch“ (s. bei ö); — kolädiš[ʷasr] „Goulard'sches“ [Wasser]; — koladsə „Kuchen und Plätze backen auf ein Fest“ (schon mhd. collâcie, eigentl. Vortrag über Tisch in einem Kloster, dann Abendmahl, Trunk nach demselben; früher wurde in den Klöstern Abends das Buch des hlg. Cassianus, welches man collationes der Väter nannte, vorgelesen, hierauf wurde den Mönchen eine kleine Erfrischung gereicht und dieses hiessen sie „collation“); — kolẽndr M., jetzt mehr kalẽndr (mhd. kollender, Nebenf. von kalender, aus lat. calendarium); — korädr M. „Curator“; — lodri F. (im 16. Jh. erscheint ndl. loterije, engl. lottery, frz. loterie: nach Deutschland kamen die Glücksspiele Ende des 16. Jh. aus Frankreich und England); — lokõmədif F. (lat.); — loši N., lošiərə (frz. loger von loge, it. loggia, die auf deutsches „Laube“ zurückgehen); lošörə „aufpassen“ (s. bei ö); — model N. (dasselbe Wort wie mhd. model, aber neu entlehnt aus it. modello mit Beibehaltung des fremden Tons); — nofẽmbr M. (mhd. november, aus dem Lat. entlehnt, der 9. Monat des röm. Kalenders); — ob(ə)rãmdmå M. „Oberamtmann“ [aber ób(ə)rãmd]; — ofədsiər M. (vom frz. officier, im 16. Jh. aufgenommen); — ogdöbr M. (mhd. october aus dem Lat., 8. Monat des altröm. Kalenders); orãš F. (aus frz. orange, zu Anfang des 18. Jh. aufgenommen); — pordsiô F. „Portion Speise“ (aus frz. portion); — pordslå N. (erst nhd., über Italien von China und Japan eingeführt: im Ital. bezeichnete porcellana eine Seemuschel, die mit Porzellan grosse Aehnlichkeit hat); — posãõ F. (mhd. bosûne basûne busûne, aus afrz. buisine, das auf lat. bûcina beruht); — rosẽlė N. (mhd. rôsîne rasin, von frz. raisin, das mit it. racimolo „Weintraube“ auf lat. racēmus „Beere“ beruht); — šogəläd M. (von frz. chocolat, it. cioccolata, engl. chocolate, aus dem Mexikan.);

b. nach der Tonsilbe: Adolf M. „Adolf"; — bišof M. (mhd. bischof, ahd. biscof); — rēnōdsɔros N. „dummer Mensch" (griech.).

3. Schreibweise. Dieselbe ist meist o, in Antwort häufig u: 1578 gleichwoll (vgl. ᵘolfl „wohlfeil"), 1593 Anntwurth, 1600 antwurt, 1602 Antwurt, 1605, 1616, 1626 Antwurt, 1631 geloffen, hinundergeloffen, gebotten, bott „Bote", Pottenlohn, 1684 Wort „Worte", kopff, fortgefahren, 1685 forth, woll „wohl", 1763 Burg Holtz, Wöllholtz.

§ 25. ɔ entspricht

1. mhd. â:

ɔbəd M. (mhd. âbent âbunt, ahd. âband): — ɔd M. (mhd. âtem âten, ahd. âtum) [hiezu auch, offenbar volksetymol. umgebildet, ɔdbrēnɔ für Sodbrennen, weil der Atem heiss wird; sonst mit mhd. sôt(d) „Sieden Wallen", in Verbindung gebracht, s. Kluge p. 330]; — ɔdr F. „Schlagader und Vene" (mhd. âder, ahd. âdara); — bɔbšd M. (mhd. bâbes, mit sekundär angetretenem t auch bâbest, ahd. bâbes, erst um 1000 aus lat. pâpa): — bɔr F. „Sarg" (mhd. bâre, ahd. bâra) [sonst Bahre = drāgbɛ̄r]; — bfɔl M. (mhd. ahd. pfâl) [dazu bfɔlmusiƙānd „Spottname für Weingärtner"]; — blɔdr F. „Blase, Harnblase" (mhd. blâtere): — blɔg F. (mhd. plâge, ahd. plâga, aus lat. plâga „Schlag, Stoss") [dazu blɔgɔ „plagen"]; — blɔsɔ „blasen, furzen" (mhd. blâsen, ahd. blâsan) [dazu blɔsədē F., jedes Blasinstrument]; — brɔdɔ V. (mhd. brâten, ahd. brâtan) [dazu brɔdəs M. „Braten, etwas Angenehmes"]; — brɔxd Part. (mhd. brâht statt früherem brungen, von bringen); — brɔxmōnəd M. „Juni" (mhd. brâchmânôt) [dazu brɔch „brach", brɔxfæld N. „Brachfeld", brɔxədᵘærdr N. „Brachwetter", brɔxəd M. „Juni"; im Mhd. kommt nur brâchmânôt vor, alle andern Formen erst nhd., zu brechen]; — dɔ Adv. (mhd. dâ dâr, ahd. dâr) [dazu ˈaᵘoledɔ! „ja freilich!" iron.]; — dɔxd M. (mhd. ahd. tâht) [dazu ɔusdɔxdəd „abgelebt"; ádɔxdɔ „dahin siechen"]; — drɔd M. (mhd. ahd. drât) [dazu drɔdšdōmbɔuabošdl M. „Drahtstumpenapostel", Spottname für Schuhmacher]; — fɔɔrlɔs M. „Vorlass bei Most und Wein" (zu mhd. lâzen); — frɔg F., frɔgɔ „fragen" (von mhd. vrâgen, ahd. frâgên): — cfɔr F. (mhd. vâre, ahd. fâra); — clɔfdr N. (mhd. klâfter, ahd. chlâftra); — gɔšd, gɔd 2. und 3. Pers. Sing. Präs. Ind. (mhd. gâst gât von gân gên); — grɔd M. „Dachfirst, Rückgrat [bei Menschen auch rigrɔd], Gräte eines Fisches" (mhd. grât); — grɔdɔ „gedeihen geraten, auch entbehren" (mhd. gerâten) [dazu frgrɔdɔ „misraten"]; — grɔf M. (mhd. grâve, ahd. grâvo grâvio): — ˈɔgɔ M. „Haken, auch Schwierigkeit" (mhd. hâke hâken, ahd. hâko hâcko) [dazu širˈɔgɔ M. „Schürhaken"]; — ˈɔr N. (mhd. ahd. hâr); — iɔ (mhd. ahd. jâ) [für iɔ tritt häufig blosses ɔ ein, z. B. sældᵘōšdɔ „dort wohnst du ja!", ɔufmrɔ̄tɔus saedmɔ: ɔ, dasdebfrrgɔd „auf dem Rathaus sagt man ja, damit es rascher geht"; ja so! stets ˈasō, weil a hier in unbetonte Stellung gedrängt ist]; — iɔr N. (mhd. ahd. jâr): — lɔšd, lɔd, 2. und 3. Pers. Sing. Präs. Ind. (mhd. lâst lât von lân lâzen) [hiezu stellen wir das im Mhd. als lotze vorkommende lɔdšē, welches neben dem mit latschen „ladšɔ" zusammenhängenden ladšē zur Bezeichnung eines trägen, langsamen, dummen Menschen gebraucht wird; weil er alles hängen lässt? ebenso ǝmrlɔdšɔ „herumlungern, träg sich herumdrücken"]: — mɔ „wo", auch Pron. rel. (mhd. ahd. wâ, für älteres wâr) [in unbetonter Stellung mə, z. B. məˈæər „woher"]; — mɔl N. „Fleck am Körper" (mhd. mâl) [dazu muədrmɔl N. „Hautlinse"]; — mɔl Suffix der Multiplikativzahlen und Temporaladverbien (von mhd. mâl „Zeitpunkt") [ǝ̄mɔl, dsᵘæmɔl etc. „einmal, zweimal", mānχmɔl „manchmal" etc.]; — mɔlɔ (mhd. mâlen) [ebenso mɔlr M. „Maler"]; — mɔs N. „Hohlmass von 2 Litern" (spät mhd. mâʒ) [dazu mɔs N. „Geräte zum Messen", auch mɔšdāb M. „Massstab"; dagegen èlɔmæs N. „Ellenmass", ebenso Masszahl = mæs N.]; — nɔ Adv. „nach", auch „dann" für nachher (mhd. nâch, ahd. nâh) [ebenso in Zusammens., wenn es betont ist: nɔgāō „nachgehen", nɔcè „nachgeben", nɔlāō „nachlassen", nɔsāgɔ „nachsagen", nɔgugɔ „nachsehen", nɔlaufɔ etc.; alle diese Formen werden neuerdings auch mit x gesprochen: dagegen in unbetonter Silbe nɔxdèɔm „nach diesem", nɔxdèɔnè „nach diesen"]: — nɔd F. (mhd. ahd. nât); — nɔdl F. (mhd. nâdel, ahd. nâdal nâdala); — nɔxbr M. (mhd. nâchgebûr, ahd. nâhgibûr nâhgibûro); — pɔdr F. „grosse Perle" [kleine Perle = pèdrlè] (mit pâternoster-snuor zusammenhängend); — rɔd M. (mhd. ahd. rât) [ebenso ʰɔirɔd F. (mhd. ahd. hîrât, eigentl. „Hausbesorgung"), ʰɔirɔdɔ „heiraten"; rɔdɔ „raten", forɔdɔ „(v)erraten"]; — salɔd M. (aus spät mhd. salât); — šɔf N. (mhd. schâf, ahd. scâf); — šāndeclɔs M. [auch belsmèrdè M. „Pelzmartin"], eine Entstellung aus St. Nicolaus; — šbɔd Adv. (mhd. spâte, ahd. spâto); — šbrɔx F. (mhd. sprâche, ahd. sprâhha); — šdɔšd, šdɔd 2. und 3. Pers. Sing. Präs. Ind. (mhd. stâst stât von stân stên); — šdrɔf F. (mhd. selten strâfe) [ebenso šdrɔfɔ „strafen"]; — šdrɔl M. „Sonnenstrahl" (mhd. strâl strâle M. F., ahd. strâla F.); — šdrɔl, mɔ(r)dšdrɔl, vereinzelt noch mɔ(r)dšdɔl M. „Galgenstrick" (von mhd. stâl, kontrah. aus stahel) [Stahl jetzt šdāl]; — šdrɔs F. (mhd. strâʒe, ahd. strâʒa); — šlɔf M. (mhd. ahd. slâf) [ebenso šlɔfɔ „schlafen"]; — šnɔg F. (mhd. snâke M. F.); — šʷɔb M. „Schwabe, auch Schabenart Periplaneta orientalis" (mhd. Swâb Swâbe Swâp); — šʷɔgr M. (mhd. swager); — ûrɔsɔ Pl. „Ueberreste von Speisen" (von mhd. âʒ „Speise für Menschen und Tiere"); — ʷɔg F. (mhd. wâge, ahd. wâga) [dazu ʷɔgɔ (mhd. wâgen, eigentl. auf die Wage setzen)]; — ʷɔr (mhd. ahd. wâr) [ebenso ʷɔrɔd F. „Wahrheit"];

2. mhd. âw:

blɔ (mhd. blâ, Gen. blâwes, ahd. blâo): — grɔ (mhd. grâo, Gen. grâwes, ahd. grâo, Gen. grâwes); — lɔ (mhd. lâ, flekt. lâwer, ahd. lâo, flekt. lâwêr) [dazu lɔlè M. „langsamer, träger, dummer Mensch"].

3. ausnahmsweise mhd. a in šdɔr M. (mhd. star M., ahd. stara F., urverwandt mit lat. sturnus) [dazu šdɔrɔq'ès M. „abgerahmte geronnene Sauermilch", heisst auch exoloq'ès „Knollenkäse", lugɔlesq'ès „Luckeleskäs", weil er den lugɔlɔ „jungen Hühnern" gefüttert wird, auf dem Lande ʰæsleq'ès; wurde offenbar früher auch den Staaren gegeben];

4. Schreibweise. Wir führen an: 1567 nindert anders wa „nirgends anders wo"; 1593 niendert anders wa; 1621 Jor, 1676 Johren, 1631 dazumohlen, 1717 warmit.

§ 26. ɔ.

Dieser Laut findet sich fast nur vor r, namentlich vor rb rd rg rk rn; allein auch sonst sucht ɔ vor r + Konsonanz das o mehr und mehr zu verdrängen. ɔ steht:

ausnahmsweise vor b (für pp): bɔbl „dummer Mensch" (eigtl. Koseform von Jakob, das von alten Leuten noch bɔbl gesprochen wird); — vor einfachem r: bɔrɔfuɔs (mhd. barfuoʒ); — fɔr Adv. Präp. (mhd. vor vore, ahd. fora) [in Zusammensetz. fɔɔr: fɔɔrfɛnšdr N. „Vorfenster", fɔɔrcèršdiχ „vorgestern", fɔɔrʰeɔr „vorher"]: — vor rb: frdɔrbɔ Part. Adj. (mhd. verdorben von verdërben); — cšdɔrbɔ Part. (mhd. gestorben zu stërben); — gʷɔrbɔ Part. (von mhd. wërben wërven); — vor rd: fɔrdr in fɔrdrfuɔs M. etc. (mhd. vorder, ahd. fordar); — fɔrd(ɔ)rɔ (mhd. vordern, ahd. fordarôn); — mɔrd, neben mord M. (mhd mort-des) [in Zusammensetz. stets ɔ s. b. o]; — ɔ(r)dɔliχ Adj. Adv., neben älterem ɔɔ(r)dɔliχ (mhd. Adj. orden-lich, Adv. orden-liche); — ʷɔrdɔ Part. (mhd. worden geworden); — vor rf: dɔrf, neben dorf N. (mhd. ahd. dorf); — dɔrf, selten dorf M. (ein ndd. Lehnwort, vgl. ndd. torf, ndl. turf, angls. engl.

turf „Rasen“); — vor rg: bɔrgǝ (mhd. borgen, ahd. borgên); — mɔrgǝ M. (mhd. ahd. morgen) [ebenso Adv. mɔrgǝ (mhd. morgen, ahd. morgane eigtl. Dat. Sing. „am Morgen“ nämlich des folg. Tags; für das Adv. mɔrgǝ wird auch mɔrn und mãnǝ gebraucht, letzteres in mãnǝmɔrgǝ (vgl. dãnišdr „Tornister“) „morgen frühe“; ferner mɔrgǝ M. „Morgen als Feldmass“ (mhd. morgen, ahd. morgan „was ein Gespann an einem Morgen pflügt“)]; — ɔrel F. (mhd. organâ orgene, ahd. organâ, aus mlat. organum, organa; daneben ahd. orgela, mhd. orgel) [ebenso ɔrelǝ „orgeln“]; — sɔrg F. (mhd. sorge, ahd. soraga); — ᵘɔrgǝ „würgen“ (md. worgen, mhd. würgen, ahd. wurgen) [ebenso ᵘɔrgalǝ Iterativ zu ᵘɔrgǝ]; — vor rc rch: šdɔrc, neuer šdɔrx M. (mhd. storch, Nebenf. storc); — vor rn: dɔrn M. (mhd. ahd. dorn); — dɔrnišdr M., neben dornišdr dãnišdr „Tornister“ (s. b. o); — dsɔrn M. (mhd. ahd. zorn); — fɔrnǝ (mhd. vorn vorne vornen vornân); — ʽɔrn N. (mhd. ahd. horn); — kɔrn N. „Dinkel“ (mhd. korn, ahd. chorn); — mɔrn Adv. „morgen“ (s. mɔrgǝ); — šbɔrn M. (mhd. dafür spor spore, ahd. sporo); — vor rt: dɔrdǝ, neben fodǝ „Streich“ (s. bei o); — vor rr: frdɔrǝ (mhd. ver-dorren); — šdɔrǝ M. „dürrer Baum, Baumstumpf“ (mhd. storre, ahd. storro „Baumstumpf“, zu ahd. storrên, mhd. storren „herausstehen“);

2. mhd. â meist in unbetonter Silbe: für dǝ vor der Tonsilbe in: dǝʽènǝ „da innen, auch da hinten“, dǝʽöbǝ „da oben“, dǝʽusǝ „da aussen“, dǝʽǝnǝ „da unten“; ʽɔšd, ʽɔd 2. u. 3. Pers. Sing. Präs. Ind. (mhd. hâst hât); — mɔrǝm Adv. „warum“ (von mhd. wâ wâr und umbe, ahd. warumbe; vergl. mǝ = mhd. wâ (nhd. wo), w zu m auch in muodesʽèr „Wotans Heer, wildes Heer“) [ebenso mǝʽeǝr „woher“, mǝʽê „wohin“, mǝ-nå „wohin“, mǝ-naus „wo hinaus“; betontes wo = mǝ]; — nɔxê Adv. „nachher“ (von mhd. nâch); — nɔx unbetont in: nɔxdiǝǝm „nach diesem“, nɔxdiǝnè „nach diesen“ [betontes nach = nǝ];

3. mhd. ei in ɔlf (mhd. eilf eilif einlif, ahd. einlif) [ebenso ɔlfd „elfte“, ɔlfǝ „elf Uhr“].

4. Schreibweise. Wir führen nur an: 1567 ordenlich, 1593 ordenlich, 1602 er hot „hat“, 1602 fürgeworffen, 1631 ailff, morgessen „Morgenessen“.

§ 27. ê entspricht

1. mhd. e, Umlaut von a, vor nasalen Konsonanten und zwar

a. vor einfachem Nasalkonsonanten:

α. vor m: dsêmǝ (mhd. zemen); — dsêmǝ „zusammen“ (mhd. zemen Nebenf. von zesamene zesamt, ahd. zisamane); — ʽêmr M. Pl. von ʽåmr (mhd. hemer von hamer, ahd. hamar) [ebenso ʽêm(ǝ)rǝ]; — qʽêmrlè N. Dim. von kåmr F. (mhd. kamer kamere, ahd. chamara); — rêmlè N. (Dim. von mhd. ram rame, ahd. rama) [dazu öfǝgrêm N. „in die Wand befestigtes Holzgestell um den oberen Teil eines Kachelofens, zum Trocknen der Wäsche dienend“]; — šêmǝ (mhd. schemen schamen, ahd. scamên); — šêml M. (schemel schamel, ahd. scamal);

β. vor n; dabei ist zu bemerken, dass auslautendes n in den vorhergehenden Nasalvokal aufgelöst wird: dsê M. Pl. (mhd. zene zane zende zante, von zan zant); — ênè M. „Grossvater“ (mhd. ene, Nebenf. von ane, ahd. ano); — fêdriχ M., meist fånǝdriǝgr (erst nhd. aus kürzerem mhd. vener vaner venre, ahd. faneri); — gᵘênǝ (mhd. gewenen, ahd. giwennan); — karlênǝ F. „Karoline“ (ê steht hier nach der Tonsilbe); — lênǝ F. „Lene, Lina“;

b. vor Nasal + Kons.:

α. vor m + Kons., wobei m sich in den vorhergehenden Vokal auflöst: dêbf M. Pl. (von mhd. dampf tampf) [ebenso dêbfiχ „dämpfig, schwül“ (mhd. dampfec dempfic)]; —

grê̌bf M. Pl. (von mhd. ahd. krampf) [ebenso grê̌bfiχ Adj. „in Folge langen Sitzens einen Krampf habend"]; — šdê̌bfl M. „Werkzeug, womit man etwas einstampft" (mhd. stempfel; Stempel ist erst nhd. und eigtl. ein ndd. Wort, die M. gebraucht für Briefstempel bisweilen šdê̌mbl M., auch šdê̌mblə „einen Brief stempeln") [ebenso šdê̌bflə „stempeln", sowie in ãĕšdê̌bflə „einstampfen"];

β. vor n + Kons., wobei n ebenfalls sich in den vorhergehenden Vokal auflöst, und zwar vor nd: wê̌d F. Pl. (mhd. wende von mhd. [ahd.] want); — vor nk: bê̌c M. Pl. (mhd. benke von banc, ahd. banch, Pl. benchî) [ebenso bê̌clē N. „Bänklein"]; — dê̌gə (mhd. denken, ahd. denchen); — drê̌gə (mhd. trenken von tranc); — 'ê̌gə „henken, sowie hängen trans." auch refl. mit sê̌ „sich hängen" [intrans. hängen = 'ãŋə] (mhd. ahd. henken, eigtl. Nebenf. von mhd. ahd. hengen) [ebenso 'ê̌gr M. „Henker", während der Aufhänger am Rocke 'ê̌ŋgr M. heisst; ferner 'ê̌gədê̌ F. „Strick zum Aufhängen", sowie siχ'ê̌gədê̌ F. „Schmaus nach der Kornernte"]; — rê̌c M. Pl. „Biegung eines Wegs" (mhd. ranc, Pl. renk renke) [ebenso fərê̌gə (mhd. verrenken von ahd. renchen)]; — šê̌gə (mhd. schenken, ahd. scenchen „einschenken, zu trinken geben", die Bedeutung „geben" erscheint erst in der nachklass. Zeit des Mhd.) [dazu šê̌cē F., šê̌gədē F. „Geschenk, namentlich bei Hochzeiten, Taufen etc."]; — šê̌cl M. (mhd. schenkel); — vor nt: ê̌d F. (mhd. ente ant, ahd. anut enit); — 'ê̌dšiχ M. (mhd. hantschuoch) [Hände = 'ê̌nd trotz Sing. 'ãd]; — q'ê̌dlē N. Dim. (von mhd. kanne, channa: kãd beruht auf ahd. chanta); — mê̌dl M. Pl. (von mhd. mantel mandel, ahd. mantal mandal) [dazu frmê̌dlə „bemänteln, schön darzustellen suchen"]; — vor ns: cê̌s F. Pl. (von mhd. ahd. gans) [ebenso Dim. cê̌slē]: — vor nz: hiezu stellen wir fəulê̌dsə (spät mhd. vûletzen, intensive Ableitung zu faul) [ebenso fəulê̌dsr M. „Faulenzer"]; — šbrê̌dsə (mhd. sprenzen) [hiezu šbrê̌dskãd F. „Giesskanne"]; — šwê̌ds M. Pl. (von mhd. swanz); — ausnahmsweise vor s in nê̌slə „näseln" (mhd. nase, ahd. nasa);

2. mhd. ê vor nasalem Konsonanten: dwê̌ Num. card. M. [F. dswuə, N. dswəə, das letztere verdrängt das M. u. F. immer mehr und wird für alle Geschlechter angewendet] (mhd. zwêne zwēne, ahd. zwêne); — firnê̌m „vornehm, stolz, schön, gut" (mhd. vornême vürnæme): — cê̌ Inf. u. Part. (zu mhd. ahd. gên gân); — mê̌diχ M. (mhd. mêntac, Nebenf. von mântac, ahd. mânutag); — šbê̌ M. Pl. (von mhd. spên spēne spân spâne): — wê̌niχ (mhd. wêner weinec [g], ahd. wênag weinag); — hiezu stellen wir ê̌ndr Adv. „eher, lieber", wofür hier häufiger aenr gebraucht wird (für ehender aus mhd. êr ê, Adv. eines Komparativs) [aendr zunächst aus ãĕndr; ê wurde zu ai, dieses stiess nach Ausfall des h mit nasalem Konsonanten zusammen, woraus ãĕ];

3. mhd. i

a. vor einfachem m oder n, letzteres wird im Auslaute wieder in den vorausgehenden Nasalvokal aufgelöst: bê̌ (mhd. ahd. bin); — dsê̌ N. (mhd. ahd. zin); — ê̌mē N. „Imi. Flüssigkeitsmass" (mhd. imi imîn „Getreidemass"); — ê̌m Pron. pers. Dat. Sing. M., sofern es betont ist, unbetont m (mhd. ime im) [dafür auch, wie überhaupt vor den Dat. in der M. meist ĕ tritt, ĕ-ê̌m]; — ebenso ê̌n betontes „ihn" (mhd. in); — ê̌ Präp. nur in ê̌nêm „in sich" z. B. dərˈədeluədr ê̌nêm „der ist vom Teufel besessen" (mhd. ahd. in) [sonst in = ĕ, z. B. ĕ(n)əuriχ „in Urach", ĕ-dibĕsə „in Tübingen"]: — ê̌nē Dat. Pl., auch ĕ-ê̌nē (mhd. in); — grišdê̌nə „Christine"; — 'ê̌ Adj. „erschöpft, halb tot, tot" (mhd. hin. hinc, ahd. hina); — kadrê̌ F. „Katharine"; — hiezu stellen wir mit mhd. î kãmē N. (mhd. kâmîn kêmin, die nhd. Accentuation beruht auf neuer Anlehnung an lat. caminus); — q'ê̌ N. (mhd. kin kinne, ahd. chinni); — məgədsê̌ N (ursprüngl. arab. Wort, das zunächst in die roman. Sprachen übergieng, arab. machzen machazen „Gebäude, in dem man etwas aufhebt", span. magacen, port. almazem, it. magazzino, frz. magasin, deutsch seit 17. Jh.); — maśè F. (im Mhd. dafür antwerc; von den Franzosen seit 17. Jh. gebraucht, seit 18. Jh. wird es zunächst in lat. Gewande, später in franz. Schreibung, auch in Deutschland gebraucht); — rosèlè N. (von spät mhd. rôsine, rasin, wie mlat. rosina eine Umbildung von frz. raisin); — śè F. (mhd. schine, ahd. scina);

b. ausnahmsweise vor m + Kons. in èm F. (mhd. imbe, später imme);

c. vor n + Kons., sofern n in den vorhergehenden Vokal aufgelöst wird; vor nd nt: ᵘèd M. (von mhd. wint [d], ahd. wint) [dazu ᵘèdə vom Wehen des Windes]; — 'ègə [auch 'obə] „hinken" (mhd. hinken, ahd. hinchan); — 'èdšədlèəd, auch -lèəd und -lèərd „hinter St. Leonhard" (mhd. hinter hinder, ahd. hintar) [sonst hinter = 'èndr];

4. mhd. ü, Umlaut von u, in:

q'èd Prät. Konj. (mhd. kunde von kunnen); — q'ènic M. (mhd. künic künec [g], ahd. chunig chuning); — šbrès Prät. Konj. (mhd. sprünge von springen); — šdèd Prät. Konj. (mhd. stünde, Nebenf. von stüende, von stên); — sè M. Pl. (mhd. süne von sun) [ebenso sèlè N. (mhd. sünelîn), sowie das neue Wort sènē F. „Schwiegertochter"];

5. mhd. œ, Umlaut von ô in: lè M. Pl. (von mhd. ahd. lôn); — šè Adj. (mhd. schœne, ahd. scôni);

6. mhd. ie in: fès Prät. Konj. (mhd. vienge von vâhen); cès Prät. Konj. (mhd. gienge von gân gên);

7. mhd. öu, Umlaut von ou, in: bèm M. Pl. (von mhd. boum, auch bôm, ahd. boum); — dsèm M. Pl. (von mhd. ahd. zoum) [dazu dsèmə „zäumen", ãèdsèmə „einzäumen", əufdsèmə „aufzäumen"];

8. in dem Fremdwort kãnəbè N. „Bank mit Lehne" (frz. canapé von lat. canôpium, mlat. canopêum).

9. Schreibweise. 1578 ernehren, 1598 vndthönig, 1600 vnderthönig, 1602 underthönig Underthönigkeit, 1615 vnderthönig, 1631 könd (Prät. Konj.), 1631 fünftzig zween kreutzer, 1666 ehender „eher", 1668 nähmblich, 1675 ehender, 1679 nämblich, 1685 schinckhel, 1685 Ähni und Ahnenguet, 1724 zuesamen, 1763 Zingeschirr, 7 Imig Fässlen.

§ 28. ė entspricht

1. mhd. e, Umlaut von a, vor nasalen Konsonanten und zwar

a. ausnahmsweise vor einfachem m: cėməliχ Adj. „ausgelassen, lustig" (mhd. gome-, gäme-, gemel-lich); — 'ėməd N. (mhd. hemede hemde, ahd. hemidi); — 'ėml M. Pl. (von mhd. hamel); — in dem Fremdwort rėmərlə „um Hosenknöpfe spielen", Knabenspiel rãməsis (frz. Lehnwort ramassis „Haufen, Masse", weil die Knaben ganze Schnüre voll Knöpfe haben; die Schnur mit rãms heisst wûšd „Wurst"):

b. vor Nasal + Kons., sofern der erstere erhalten blieb,

α. vor m + Kons.: vor md: frėmd (mhd. vremde vremede, ahd. fremidi framadi) [ebenso frėmdė F. „Fremde"; ferner frėməšə „fremd reden, d. h. nicht die Reutlinger M. reden"]; — vor mm: clėmə „zwacken, kneipen, klemmen") [ebenso clėmrlė N. „Waschklammer" (Dim. von mhd. klammer klamer klamere]; — q'ėm M. Pl. „Beinkamm, Traubenkamm" (von mhd. kamm kamp [b]) [ebenso q'ėmə „kämmen", kėmlė N. Dim.]; — lėmlė N. (Dim. von mhd. lamp, Pl. lember, ahd. lamb: das mb wurde zu mm assimiliert); — šdėm M. Pl. (von mhd. ahd. stam[m]) [ebenso šdėmlė N. „Stämmchen"]; — šᵘėm M. Pl. (mhd. swam[m] swamp[b], ahd. swam[m] swamb) [ebenso šuèmlè N. Dim.]; — vor mp: lèmblè N., Dim. von lāmb (von mhd. lampe nach frz. lampe): — vor ms: brèms F. „Hemmschuh“ (mhd. bremse) [dazu auch brèmsə „bremsen“; Stechfliege = brèəm F.]; — vor mz: cèms F. (mhd. gamz gemeze);

ʒ. vor n + Kons. [das Beibehalten von Kürze und Nasal und Dehnung mit aufgelöstem Nasal wechseln im Schwäb. fast von Ort zu Ort; auch verliert sich letzteres immer mehr] und zwar vor nd: bèndicə „bändigen“ (von mhd. Adj. bendec); — bèndr N. Pl. (mhd. bender von mhd. ahd. bant); — bfĕndə (mhd. pfenden); hiezu auch bfĕndlè N. „Pfännchen, auch weinerliches Gesicht“ (Dim. zu mhd. pfanne, ahd. pfanna); — brènd M. Pl. „Feuersbrünste, Räusche“ (von mh. brant[d], ahd. brant); — ènd N. (mhd. ende, ahd. enti); — hiezu stellen wir èndrès M. „Andreas“; — clèndr N. (spät mhd. gelender aus lander „Stangenzaun“); — 'ènd F, Pl. von 'ād (von mhd. hant, Pl. hende, ahd. hant) [ebenso Dim. 'èndlè N.]; — 'èndl M. Pl. (von mhd. handeln „mit den Händen fassen, bearbeiten“); — kolèndr. auch kalèndr (mhd. kalender aus lat. calendarium); — lèndlè N. „kleiner Staat, Gartenbeet“ (Dim. von mhd. lant[d], ahd. lant[t]); rèndr M. Pl. (von mhd. rant-des) [ebenso Dim. rèndlè N.]; — šdènd M. Pl. (mhd. stant[d]) [hiezu šdèndlè „kleiner Stand, kleine Kufe, Huldigung durch Gesang oder Musik“; ferner šdèndlèxə Adv. „stehend“]; — uèndə (mhd. wenden, ahd. wenten); — vor ng: dèxlə (mhd. tengelen); — èx (mhd. enge, ahd. engi angi); — èxl M. (mhd. engel, ahd. engil angil); — cèx M. Pl. (von mhd. ganc[g], ahd. gang); — 'èxšd M. „männliches Pferd“ (mhd. hengest, ahd. hengist „Wallach, Pferd überhaupt“); — lèxè F. (mhd. lenge) [ebenso lèxr Komp. von mhd. lanc(g), ahd. lang]; — šdèxl M. (mhd. stengel, ahd. stengil); — šdrèx Adj. (mhd. strenge, ahd. strengi); — šdrèx M. Pl. (von mhd. stranc strange M. F., ahd. strang M.); — sèxr M. (mhd. senger „Sänger, lyr. Dichter“); — vor nk: badèxe F. „Schlüsselblume“ [auf dem Lande auch bacèxe] (mhd. batönje, auch batenje, aus betonia betonica und diese nach Plin. hist. nat. vom gall. vettonica); — šrèxe M. Pl. (von mhd. schranc[k]); — vor nn: brènə (mhd. brennen, Faktitiv von brinnen); — drènə (mhd. ahd. trennen) [dazu fdrènə „zertrennen“]; — 'èn F. (mhd. henne, ahd. henna); — q'ènə (mhd. kennen, ahd. chennen); — šbènic in secšbènic „sechsspännig“ etc. (zu mhd. spannen, ahd. spannan); — uèn Konj. (mhd. wenne wanne); — uènlè N., Dim. von uān F. „Wanne mit Schnauze aus Weiden geflochten oder aus Blech zum Einfassen und Tragen von Korn und Mehl“ (mhd. wanne, ahd. wanna); — vor nsch: mènš M. [auch N. = liederliche Weibsperson] (mhd. mensch mensche, ahd. mennisco mannisco); — vor nt in den Fremdwörtern: acènd M. „Agent“ (aus lat. agens); — regəmènd N. „Regiment, grosse Zahl“ (Lehnwort aus lat. regimentum für regimen, seit 15. Jh. eingebürgert); — šdudènd M. (von lat. studère); — vor nz: âləfènsiz Adj. „eigennützig, seinen Vorteil verstehend“ (zu mhd. alevanz „aus der Fremde gekommener Schalk“); — dèns M. Pl. (mhd. tanz, erst seit 11. Jh. bei uns heimisch); — grèns M. Pl. (von mhd., spät ahd. kranz); — in dem nicht volkstüml. šuènsə „Schule und Kirche versäumen“ (von mhd. swanzen „sich schwingend bewegen“; in der M das eigentl. volkstüml. šuānsə „zu lange auf der Strasse herumspazieren“, namentlich abends, sowie šuānsərè F. „stolz einhergehendes Fräulein“; zur Kirche schwanzen war ursprüngl. zur Kirche gehen);

2. mhd. ë nur in sëuf, neben sèmf M. (mhd. sënf sënef, ahd. sënaf, schon got sinap aus gr.-lat. sinâpi), sowie in den Fremdwörtern dsèndnr M. (mhd. zëntenære, nach mlat. centenarius); — tèmbl M. in: nousdsəmtèmbl! „hinaus zum Hause!“ (mhd. tëmpel, ahd. tëmpal, aus lat templum);

3. mhd. i

a. vor einfachem Nasal und zwar

α. vor m: èm „im = in dem“; — 'èml M. (mhd. himel, ahd. himil);

β. vor n in den unbetonten bĕ „bin“, è(n) „in“ (s. unter 6), sowie in dem Fremdwort ènfăndrî F. (seit 17. Jh. aus frz. infanterie, das von span. infante, it. fante „Knabe, Knecht, Fussoldat“ herkommt, übernommen);

b. vor Nasal + Kons. und zwar

α. vor m + Kons.: vor mb, wobei mb in der M. zu mm assimiliert erscheint: dsèmr N. (mhd. zimber, ahd. zimbar) [dazu dsèmərɜ (mhd. ahd. zimberen), sowie dsèmrmå M. „Zimmermann“]; — vor md in èmdr (dafür mhd. immer imer iemer, ahd. io-mèr „je mehr“); — vor mm: dsèmod M. (mhd. zimmînt zinemîn, ahd. sinamin, nach mlat cinamonium; das n der ersten Form zu m assimiliert); — nèmè (mhd. nimmer nimer niemer = nie mêr); — šdèm F. (mhd. stimme, ahd. stimma) [dazu šdèmɜ „stimmen“, sowie åšdèmɜ „ein Lied anstimmen“]; — šèml M. „Schimmel als Pflanze und Pferd“ (mhd. schimel, für älteres, nicht bezeugtes schimbel; in der Bedeutung weisses Pferd erst nhd., mb zu mm assimiliert) [ebenso šèmlɜ „schimmeln“, šèmliχ „schimmelig“]; — šᵘèmɜ (mhd. swimmen, ahd. swimman); — ᵘèmlɜ (zu spät mhd. wimmen); — vor mp: in dem Fremdwort sèmbl M. „dummer Mensch“ (erst nhd. aus dem Adj., das von frz. simple kommt), sowie in šlèm Adj. Adv. „schlecht, böse“, in welchem mp zu mm assimiliert erscheint (mhd. slimp „schief, schräg“, die moralische Bedeutung erst im Nhd.): — vor mpf: èmbfɜ „Menschen impfen“ [mit b!] (mhd. selten impfen, ahd. impfôn) [von Bäumen gebraucht man bfrobfɜ oder èmdɜ, das mhd. und ahd. gebräuchlichere impeten resp. impitôn; allerdings mhd. oberd. impfeten]; — šèmbfɜ (von mhd. schimpf, „Scherz, Kurzweil, Spiel“, diese Bedeutung hat sich in der M. erhalten in šèmbflɜ „spielen von Kindern“); — vor mʒ; sèmsɜ M. (mhd. simʒ simeʒ, ahd. simiʒ) [dazu esèms N. „Gesims“ (mhd. gesimeʒe)];

β. vor n + Kons.: vor nd, sofern n erhalten bleibt: bèndɜ (mhd. binden, ahd. bintan); — blènd (mhd. blint(d), ahd. blint); — fèndɜ (mhd. vinden, ahd. findan); — grènd M. „Kopf“ in dəgrèndfr'aoɜ „den Kopf verhauen“ (mhd. grint(d), ahd. grint); — esᵘènd Adv. (mhd. geswinde); — esèndl N. (mhd. gesindelîhe gesindelach, Dim. zu Gesinde); — 'ènɜ, wobei nd assimiliert zu nn (mhd. hinden, ahd. hintana) [dazu dr'ènɜ „zurück, dahinten“, sowie 'ènədrăē „hinten drein“]; — 'èndr (mhd. hinder hinter, ahd. hintar) [dazu 'ènd(ə)rɜ (mhd. hindern, ahd. hintiren hintarôn)]; — q'ènd N. (mhd. kint-des, ahd. chind); — lènd F. (mhd. linde, ahd. linta); — rènd N., Dim. rèndlè N. (mhd. rint-des, ahd. rind) [dazu rèndfĭχ N. „Rindvieh, dummer Mensch“]; — rèndè F. (mhd. rinde, ahd. rinta); — šbèndl F. (mhd. spindel spinnel, ahd. spinnala); — šèndɜ „plagen, quälen“ (mhd. schinden „abhäuten, misshandeln“) [dazu šèndr M. „Abdecker, Mensch, der Tiere und Menschen plagt“; ferner šèndəs N. „bösartiger Mensch, halsstarriges Tier“]: — šèndl F. (mhd. schindel, ahd. scintila) [dazu šèndlɜ „ein gebrochenes Bein zwischen Schindeln legen“]; — šᵘèndl M. „Kopfschwindel, Lüge, Betrug“ (mhd. swindel, ahd. swintilôd) [ebenso šᵘèndlɜ „schwindeln“, šᵘèndlr M. „Schwindler“]; — ᵘènd F. „Winde als Werkzeug und Pflanze“ (mhd. winde, ahd. winta) [ebenso ᵘèndɜ „winden“; ferner ᵘèndl F. (mhd. windel, ahd. wintila): — vor ng: bfèχšdɜ (mhd. pfingsten); — brèχɜ (mhd. bringen, ahd. bringan); — dèχ N. „Ding, verächtliche, schwächliche Person“, in letzter Bedeut. auch dèχè F. (mhd. ahd. dinc[g]) [dazu dèχɜ „dingen“, sowie frdèχɜ „verdingen“ (mhd. dingen „Gericht halten, unterhandeln“; ding eigentl. „Gerichtstag, gerichtliche Verhandlung“)]; — dsirèχe F. (lat. syringa); — dsᵘèχɜ (mhd. twingen, ahd. dwingan thwingan); — dsᵘèχl M. „Zwinger“ (mhd zwingel, gebräuchlicher twingære); —

fèxr M. (mhd. vinger, ahd. fingar); — rèx M. (mhd. rinc-ges, ahd. ring); — rèx Adv. „leicht, ohne Mühe“ z. B. dèmgàds rèx! „diesem geht es leicht“! daərkõmdrèxnbõm nauf „dieser kommt leicht den Baum hinauf“ (mhd. ringe ring, ahd. ringi giringi); — šbrèxə (mhd. springen, ahd. springan); — šlèx F. „Schlinge, auch Peitschenschnur“ (mhd. slinge) [dazu šlèxə „winden, flechten“, sowie šlèxl M. „Schlingel“, eigentl. „Schleicher“]; — šlèxə in frèlèxə „verschlingen, viel essen, auch verlieren“ (zu mhd. slinden, ahd. slintan); — sèxə (mhd. singen, ahd. singan); hiezu stellen wir ᵘèxədr, auch ˈèxədr M. (mhd. win-gartener wingerter); — vor nk: drèxeə (mhd. trinken, ahd. trinchan); — dsèxe N. (erst nhd., mit Zinn zusammenhängend); — dsèxe M. (mhd. zinke, ahd. zinko); — fèxe M. (mhd. vinke, ahd. fincho); — flèxe Adj. (erst nhd., aus ndd. ndl. flink); — lèxe (mhd. link) [dazu lèxes „links“, sowie lèxer M. „Mensch, der mit der linken Hand arbeitet“]; sèxeə (mhd. sinken, ahd. sinchan); — šdèxeə (mhd. stinken, ahd. stinchan) [dazu šdèxer M. „Stinker, auch Backsteinkäse“]; — šmèxeə (von mhd. sminke smicke F.); — ᵘèxeə (mhd. winken, ahd. winchan) [ebenso ᵘèxe M. „Wink“]; — ᵘèxel M. „Ecke, schmaler Raum zwischen Gebäuden, Zeichenwinkel“ (mhd. winkel, ahd. winchil); — vor nn: ènə in ènədènə „innen drinnen“ (von mhd. innen, ahd. innân) [dazu dèn, dènə „darinnen“; dəˈènə „da innen“]; — ləiχdsèniχ „leichtsinnig“ (zu mhd. sinnec sinnic); — mènšd, seltener mèndešd Sup. „geringste, schwächste“ (mhd. minnest, ahd. minnist); — rèn F. (mhd. rinne, ahd. rinna) [dazu rènə „rinnen“]; — šbèn F. (mhd. spinne, ahd. spinna) [ebenso šbènə „spinnen“]; — sèn M. (mhd. ahd. sin[nu]); — vor ns: ènsl F. (mhd. insel insele nach lat.-gemeinrom. insula); — vor nt: dènd F. (mhd. tinte tinkte, ahd. tincta, aus lat. tincta „Gefärbtes“ entlehnt); — flènd F. (erst seit 17. Jh., wohl zu schwed. flinta, dän. flint „Stein, Feuerstein“); — ˈèmbėr M. (mhd. hint-ber, ahd. hint-beri „Beere der Hindin“); — lèndiχ M. „Stadtteil in Reutlingen am Fusse des Georgenbergs“ (mhd. ahd. lint „Schlange“); — šᵘèndsūxd F. (mhd. swintsuht zu swinen „abnehmen“); — sènd 3. Pers. Pl. Präs. Ind. (mhd. ahd. sint) [auch Pl. Imp. sènd!]; — ᵘèndr M. (mhd. winter, ahd. wintar); — vor nȥ: bèns F. (mhd. binȥ bineȥ, ahd. binuȥ); — vor nz: blènslə (mhd. blinzeln, Iterat. von blinzen, zu blind?); — brèns M. (mhd. prinze, im 13. Jh. entlehnt aus frz. prince);

4. mhd. ū, Umlaut von u, und zwar

a. vor einfachem m und m + Kons. in qˈèmiχ M. (mhd. kümel, ahd. chumil) [dazu qˈèmiχr, früher qˈèmiχrdnod M. „rundes Weissbrot, das viel Kümmel enthält“]; — clèmblè N. Dim. (erst nhd. aus ndd. klump, ndl. klomp); — šdrèmbf M. Pl. (von mhd. strumpf „Stumpf, Baumstumpf“, die nhd. Bedeutung ergiebt sich aus Hosenstrumpf); — sèmbf M. Pl. (von mhd. sumpf);

b. vor n + Kons. und zwar vor nch: mènχ M. (mhd. münch müncch, ahd. munih(hh) von lat. monachus); — vor nd: bfèndlè N. (Dim. von mhd pfunt-des, ahd. pfunt-tes) [dazu bfèndr M. „einpfündiger Laib Weissbrot“]; — drèmbf M. Pl. (erst nhd. aus frz. triomphe, Trumpf eigentl. „siegende Karte“); — dsèndə „leuchten“ (mhd. zünden, ahd zunten) [dazu šdsèndə „anzünden“; dsènfelslè N. „Zündhölzchen“; dsèndlə „zündeln“; dsèndl „hier weit verbreiteter Familienname“ (mhd. zundel zündel, ahd. zuntil „Anzünder“)]; — grènd M. Pl. (von mhd. grunt(d), ahd. grunt); — ˈèndè F. (mhd. hundinne); — qˈèndieə, auch aufqˈènə „aufkündigen“ (von mhd. kündigen, resp. künden, kunden); — qˈènšdə F. Pl. „Künste, Geschicklichkeit“ (von mhd. ahd. kunst); — lèmblè N. Dim. „kleiner Lappen, leichtsinniger junger Mensch“ (erst nhd., spät mhd. lumpe, wohl aus dem Ndd., vgl. ndl. lomp); — šdèndlè N. Dim. (von mhd. stunde, ahd. stunta); — sènd F. (mhd. sünde, ahd. sunta sunten); — vor nft: dsènfd F. Pl.

(von mhd. zunft zumft, ahd. zumft); — vor ng: ìèxr, ìèxàd Komp. und Sup. (mhd. junger, jungist jungst); — šbrèx M. Pl. (von mhd. ahd. sprung); — dsèxlè N. Dim. (von mhd. zunge, ahd. zunga): — vor nn: dèn (mhd. dünne. ahd. dunni); — q'ènə Inf. und Part. (von mhd. kunnen. ahd. chunnan) [ebenso haben Pl. Präs. Ind., sowie Präs. Konj. è]; — vor nš: ⁿènš M. Pl. (mhd. wunsch, ahd. wunsc); — vor nʒ: mèns F. (mhd. münʒe, ahd. muniʒʒa);

5. ausnahmsweise mhd iu in šnènsə (zu mhd. sniuzen, ahd. snûzen).

6. è kommt in unbetonter Silbe vor und zwar

a. vor der Tonsilbe: dè Dat. Pl. Art. def. vor Nasal und in Pausastellung z. B. (è)dèmãnə „den Männern" etc., (è)dè-fraoə, dagegen ohne Pause èdefraoə; — dè „du", unbetont in Pausastellung, sowie vor Nasalen zu B. ⁿèndè-k̊ōmšd „wenn du kommst", ⁿèndèmåšd „wenn du magst", dagegen ohne Pause ⁿèndek̊ōmšd: — meist als è vor Dativ z. B. èsœlōmå „jenem Mann dort", è-èm „ihm", èdæərəfrao „dieser Frau", èdèmq'ènd „diesem Kind" etc; — in èm, häufig nur m, Dat. Sing. M. Art. def. z. B. (è)mbuəbə „dem Buben", èmlèⁿè „dem Löwen"; — Dat. Sing. M. und N. des Art. indef. èmə, F. èrə z. B. èmōmå „einem Mann", èmoq'ènd „einem Kind", èrəfrao „einer Frau"; — èm „im" èm'əus „im Haus", èmgārdə „im Garten"; — è „in" vor Nasalen und in Pausastellung z. B. è-dībèxə „in Tübingen", è-rəidlèxə „in Reutlingen", è-ènèxə „in Eningen" (vor Ortsnamen tritt gewöhnlich Pause ein), è-sãèrə'əus'aldèx, oder esãèrə'əus'aldèx „in seiner Haushaltung", ebenso èn „in den" z. B. ènogsə „in den Ochsen", èngrōbrènsə „in den Gasthof zum Kronprinzen" [in die = ed, in das „es" wegen der unmittelbar folg. nicht nasalen Konsonanz]; — èm = am in èmⁿeərdiχ(s) „am Werktag" èmsōndiχ(s) „am Sonntag", wenn vom Werktag etc. im allgemeinen gesprochen wird; dagegen ãmsōndiχ „am nächsten Sonntag oder am letztvergangenen Sonntag"; — èm = um in: èmsecsə „um 6 Uhr" etc.; sonst um = ōm; — in der Vorsilbe ènd in èndbærə, auch unrichtiger èndbèrə „entbehren" (mhd. enbërn); — in èndⁿèdr (mhd. eintwëdor aus ahd. ein-de-wëder); — ferner in den Fremdwörtern: èndrèsãnd „interessant"; — ènsdidūd N. „Institut"; — ènšènêr M. „Ingenieur"; — cèn(ə)rãl M. „General"; — lèxãl N., auch lènãl „Lineal"; lèxiərə, lèniərə „linieren"; — mèniš̆dr M. „Minister"; — šbènād M. (s. b. ā);

b. nach der Tonsilbe: als Endung in 1. und 3. Pers. Pl. Präs. Konj.: mrq'ènè „wir können", mrfãŋè „wir fangen", sešrəibè „sie schreiben", sènèmè „sie nehmen"; — als Endung der 1. und 3. Pers. Pl. Präs. Ind. [neuerdings wird ə in diesem Falle durch əd verdrängt: mršrəibè neben neuem mršrəibəd, sènèmə neben jüngerem sènèməd; — als Endung der 1. Pers. Sing. Präs. Ind. der schwachen Verben auf eln: iq'idslè „ich kitzle", iriclè „ich rüttle", i'ãndlè „ich handle" etc.; — auf ern: ifuəd(ə)rè „ich füttere", i'èmərè „ich hämmere", išnəid(ə)rè „ich schneidere" etc.; — auf gen: igadscè „ich stottere", i-ãōdscè „ich jammere", i-ūdscè „ich juchze", išmadscè „ich schmatze [beim Essen]" etc.: — auf nen: idsəeχnè „ich zeichne", irœχnè „ich rechne" etc.; — auf n, sofern dasselbe nicht in den Vokal aufgelöst wird: idsãnè „ich zahne", ibōnè „ich verschwende Geld" [dagegen iⁿō „ich wohne", iⁿōè „ich weine"] etc. — bisweilen in Verben auf sen, sofern b oder p vorangehen: igræbsè neben græbs „ich krebse", irabsè neben rabs „ich rapse, stehle" etc. [in allen andern Fällen fällt è weg, also nach einfacher Konsonanz: ilōb „ich lobe", ilād „ich lade", ik̊uof „ich kaufe", ilèc „ich lege", idrug „ich drücke", imōl „ich male", isōm „ich mache einen Saum", ifār „ich fahre", igrās „ich grase", ibœd „ich bete"; — nach Geminata und Affricata: ibax „ich backe, schlage", ipag „ich packe", ibuf „ich puffe", ik̊ōm „ich komme", igōn „ich gönne", ilubf „ich lüpfe", i'ob „ich hinke", ibar „ich raufe", igrads „ich kratze", i-nus „ich schlage, haue": —

sonst nach Doppelkonsonanz: idiχd „ich dichte“, išbald „ich spalte“, ifale „ich falge, grabe den Kartoffelacker um“, i'olds „ich haue Holz“, idãmbf „ich dampfe“, ilãŋ „ich lange“, idãŋg „ich danke“, i-ɐɐrnd „ich ernte“, idãns „ich tanze“, idurn „ich turne“, iɐarb „ich zerstreue gemähtes Gras auf der Wiese“, i'uɔšd „ich huste“ etc.; — ebenso fällt è weg bei allen starken Verben: isẽx „ich singe“, ilaof „ich laufe“ etc.]; — als Endung des Sing. Imp. der Verben, die in der 1. Pers. Sing. Präs. Ind. è haben: q'idsɔlè! „kitzle!“, fuɔdɐɔrè! „füttere“! etc. [dagegen wie oben: lòb! „lobe!“, bax! „backe!“, sẽx! „singe!“ etc.]; — als Endung des Pl. der Adj., sofern dieselbe in Pausastellung oder vor Nasalen zu stehen kommt: šẽnè, aber šẽno'ɔisr „schöne Häuser“, mẽnènɔdlɔ „meine Nadeln“ etc.; — in ẽm „ihm“, nach einfachem l, m und r, sowie wenn denselben Konsonanz vorausgeht: 'òlèm! „hole ihm!“, šdilèm! „stiehl ihm!“, 'ãndlèm!, nɐmèm „nimm ihm!“, fuirèm „feure ihm!“, fuɔdrèm „füttere ihm!“, ferner nach Vokalen: šrɔièm! „schreie ihm!“, sowie nach Kons. + n: dsɐχnèm! „zeichne ihm!“ etc. [in allen andern Fällen wird meist m = ihm gebraucht: òbmsɛ̃'ãð „ob ich es ihm gegeben habe“, eibm! „gieb ihm!“, bfɔifm! „pfeife ihm!“, dãnsm! „tanze ihm!“, i'ãðsmɛ̃ „ich habe es ihm gegeben“ etc.]; — unbetontes „ich“ in Pausastellung und vor Nasalen [nur nach der Tonsilbe] dɔ uònè „da wohne ich“, duorè „thue ich“, dɔgãŋènèmènå „da gehe ich nicht mehr hin“ etc.; — unbetontes „mich“ in Pausastellung und vor Nasalen: q'isnè „küsse mich“, dɐɔrq'èndmènèmè „der kennt mich nicht mehr“; — unbetontes „sich“ in Pausastellung und vor Nasalen: r'ɔdsèmɔlɔlãð „er hat sich malen lassen“; — unbetontes „sie“ Sing. u. Pl. ebenfalls in Pausastellung und vor Nasalen: ãsè! „an sie!“, r'ɔdsèmègɔ „er hat sie gern gehabt“ etc.; — in der Adjektivendung è, wieder in Pausastellung und vor Nasalen: goldè „golden“, wulè „wollen“, blɐχè „blechern“, clèsè „gläsern“, 'ildsè „hölzern“, šdðènè „steinern“, bèlsè „pelzig“; — in der Adverbialendung lè = lich: frɔilè „freilich“, uærlè „wahrlich“, uɔɐdlè „weidlich, schnell“; — in den Substantivendungen ɔdè, è = in, lè = lein (mhd. lin, wohl Uebergangsform lî), lès = ling, ès = ung: baxɔdè F. „was man auf einmal backt“, daefɔdè F. „Taufe“, filèdɔdè F. „Arbeit zum Fileten“, flicɔdè F. „Arbeit zum Flicken“, frɐsɔdè F. „Nahrung für einmaliges Fressen“, fuirɔdè F. „Holz zu einmaligem Kochen oder Heizen“ gɔudšɔdè F. „Schaukel“, clubrɔdè F. „Haufen“, gradsɔdè F. „Eierhaber“, 'ãd'èbɔdè F. „Handhebe“, 'edsɔdè F. „Hetze, Hatze“, 'ɐcelɔdè F. „etwas, das gehäkelt wird“, micɔdè F. „Wagenbremse“, nɐɔdè F. „etwas, das genäht wird“, sulbɔdè F. „Schmiere“, šãmlɔdè F. „Resultat einmaligen Aehrensammelns“, šerɔdè F. „was in einer Kachel oder Pfanne angehängt ist und herausgescharrt und gegessen wird“, šbridsɔdè F. „Spritze“, šbrũdlɔdè F. „Wasserfall“, šbuɔlɔdè F. „Spulrad“, šdobfɔdè F. „Tabak für einmaliges Füllen der Pfeife“, šdricɔdè F. „Arbeit zum Stricken“, šlaifɔdè F. „Schleife auf dem Eise“, šlɐfɔdè F. „was auf einmal geschleift werden kann“, šmiɔrɔdè F. „Schmiere“, drùgɔdè F. „Last, die auf einmal getragen werden kann“, uiɔgɔdè F. „Wiege“, uɐmlɔdè F. „wimmelnder Haufen“ etc.; — bɔirè F. „Bäurin“, frãèndè F. „Freundin“, 'èndè F. „Hündin“ etc.; — bioblè N. „Büblein“, fɔigɔlè N. „Veilchen“, clèmrlè N. „Waschklammer“, 'ɔislè N. „Häuslein“, mædlè N. „Mädchen“ etc.; — bfifrlès M. „Pfifferling“, šbɐdlès M., „Herbst“, sedslès M. „junge Salatpflanzen zum Versetzen“ etc.; — àxdès F. „Achtung“, èndrès F. „Aenderung“, 'ausaldès F. „Haushaltung“, 'ornès M. „Februar“, lɐdès F. „Leitung“, marcès F. „Markung“, mɔènès F. „Meinung“: — in seltenen Fällen in der Subst.-Endung è für e und zwar in den Masc.-Formen: ènè „Grossvater“, balè, dralè, lalè „dummer Mensch“ [in lèè „Löwe als Tier“ wird e lang und verliert die Nasalität]; — ebenso in dem N. dàlè „Dohle“: — in den Fem.-Formen (meist auf ahd. î, mhd. e ausgehend) nach einfacher Konsonanz in: bènè F.

„Bühne“, blaeč F. „Blahe“ (mhd. blahe). bûdè F. „Bude“, deeč F. „Decke“, drêčè F. „Tränke“; graosè F. „Grösse“; — ciədè F. „Güte“, ʻèrdè F. „Härte“, lücè F. „Lüge“, milè F. „Mühle“, sæəcè F. „Sägmühle“ [Säge = sæəg]. šmidè F. „Schmiede“ (für mhd. smitte, ahd. smitta); ebenso lèuè F. „Linie“, ferner ebflʻəudè F. „Apfelschale“ und mènšəʻəudè F. „Menschenhaut, Hauchbildchen“; nach Geminata und Affricata in: bləeχè F. „Bleiche“, bæədsè F. „Beize“, dorè F. „Vorrichtung zum Dörren“, dicè F. „Dicke“, fìlè F. „Fülle in Speisen“, kuxè „Küche“, micè „Wagenbremse“. šberè F. „Vorrichtung zum Sperren, namentlich Wagenbremse, Radschuh“; nach sonstiger Doppelkonsonanz in: bèndè F. „Binde“, frèmdè F. „Fremde“. qʻeldè F. „Kälte“, mišdè F. „Miste“, pærlè F. N. „Perle“, rèndè F. „Rinde“, šèxcè F. „Schenke, Geschenk“, šuèrdsè F. „Schwärze“; nach Vokal in: šdrəeè F. „Streu“; — in der Subst.-Endung è = en in dəəχè N. „Zeichen“; — guldè M. „Gulden“; — in der Endung è von Eigennamen: bašdlè M. „Sebastian“, dolè M. „Rudolf, Adolf“, didsè M. „Fritz“, cerè M. „Georg“, karlè M. „Karl“, mårdè M. „Martin“, paolè M. „Paul“, susè M. „Julius“; ā'màlè F. N. „Amalie“, è'milè F. N. „Emilie“, nàdàlè F. N. „Natalie“, ódìlè F. N. „Ottilie“;

ausserdem in folgenden Wörtern: ånè Adv „vorwärts, fort“ (mhd. ane); — åmèn „Amen“; — dsigôrè M. „Cichorie“; — èlènd Adj., auch N. „elend, Elend“; — kòmèdè F. „Schaubude, Lärm“; — larefàrè N. „Larifari“; — òlèm M. „Olim“.

7. Schreibweise. 1544 reytlingen, dibingen, 1567 güethlin, 1592 Döchterlin, 1592 bestümbten „bestimmten“, 1593 heunderlassen, khönndtliche „kindliche“, 1593 günnstige Herrn, 1593 ich bin dahin getringt worden, 1598 günstig. Gefängnuss. 1590 ginstiglich, 1599 Aycheng „Aichung“, bedennken, 1600 Khündt „Kind“, 1600 zimblich, gentzlich, Khündlin, Khünder, 1602 hinderlassner, 1602 burgerin, 1605 Ellender, 1605 schenkhell „Schenkel“, 1607 Kinder, 1615 grossgünstige, 1615 Kindtlin, 1616 Dibingen, Khünder, 1621 Khünder, 1625 ellendtlich, 1631 Künder, 1631 Goldtguldin, nit linger „nicht länger“, 1651 inn, 1665 eintweder, Verheürathung, 1666 zimblich, 1669 seindt „sind“, Ellendt, 1676 Sapat Schinder, zimblich, Umbstände. 1677 Vöstung. Früehling. zimblich, 1684 Uebrbringer, Engell, wo sie ihm erwischen, 1685 ihr werdens Ewer ginstiges Gemieth nit von mir winden, 1685 Früehling, wingertlein, eintweder, 1685 Mühlin, 1712 seynd angewiesen worden, 1724 wingert, 1744 Thürlin, 1763 Hembd, Testamentlen, barchetin, trilchin, Kissin „Kissen“, Mössingeschirr, Pfännlen, Kleiderkästlen, Meeltröglen, Fässlen, seynd „sind“, Frembde, Tochtermännin „Frau des Tochtermann“.

§ 29. æ̃.

Dieser Laut scheint in der M. ein Uebergangslaut zu sein. Alte Personen sprechen jetzt noch cènd, ʻènd etc., jüngere cæ̃nd, ʻæ̃nd etc. Dabei ist zu bemerken, dass der Grad der Nasalität bei æ̃ ein viel geringerer ist als beim alten è; die betreffenden Wörter werden vielfach schon mit fast reinem æ gesprochen, oder mit einem æ-Laut, der wenigstens in seiner ersten Hälfte rein und nur in der zweiten leicht nasal ist.

1. æ̃ entspricht in betonter Silbe mhd. ë (i), e oder ê und kommt vor:

a. ausnahmsweise vor einfachem m in næ̃mə (mhd. nëmen, ahd. nëman);

b. vor mm, nn und n + t: ʻæ̃mè, neben ʻæmè M. „Wilhelm“ [lm assimiliert zu mm]; — ʻæ̃nõndæ̃n, neben ʻãnõndãn „hüben und drüben“ (zu mhd. md. hën, mhd. hin von hinne = hie inne, hinn hinnen „von hinnen“, und dannen danne dan „von dannen“); — dæ̃nd Plur. Präs. Ind., sowie Pl. Imp. (von mhd. Inf. tuon, Nebenf. tân; vgl. ʻæ̃nd von hân); — fæ̃nd, seltener færnd [r fiel früher in der M. vor Kons. meist aus] (mhd. vërnt vërnent vërnet vērn vērne „im vorigen Jahr", von mhd. virne, ahd. firni „alt"): — gænd Pl. Präs. Ind., sowie Pl. Imp. (von mhd. gëben; besonders in schwäb.-alemann. Denkmälern kommen kontrah. Formen vor, Inf. gên, auch Präs. Pl. Ind. wir gênt, sie gênt); — gænd Pl. Präs. Ind., auch Pl. Imp. (von mhd. Inf. gân, gên); — hænd Pl. Präs. Ind., auch Pl. Imp. (schon mhd. wir hent neben hân, ir hent neben hât, sie hent neben hânt); — lænd Pl. Präs. Ind., auch Pl. Imp. (von mhd. lân, kontr. Form von lâzen); — šdænd Pl. Präs. Ind., auch Pl. Imp. (von mhd. stân stên, Pl. Präs. Ind. stên stêt stênt neben stân stât stânt); — wænd Pl. Präs. Ind. (von mhd. wërden worn, schon mhd. die kontrah. Form sie wernt) [dieses wænd wird neuerdings auch vielfach für Pl. Präs. Ind. von wollen für das regelmässige welē (neuer weləd), weləd, welē (neuer weləd) gebraucht]:

c. æ kommt in unbetonter Silbe vor in: dæm Pron. dem. Dat. Sing. M. u. N. [betont dæəm], z. B. ədæmq'ènd „diesem Kind" (mhd. dëm[e]); — græənblā' [mit langem æ; sonst vor Konsonanz græə, in Pausastellung græə mit langem æ] „grün und blau" (mhd. grüene, ahd. gruoni); — sæxcod' „segne es Gott!" (von mhd. sëgenen sëgen, kontr. sënen).

2. Schreibweise. Die Pluralformen von geben etc. sind meist regelmässig geschrieben, der Pl. von wollen tritt als wöllen, wellen, ier welend wöllendt etc. auf, für nehmen finden sich die Formen: 1593 vernemmen, 1615 fürzuonemmen, 1621 annemmen, 1631 nemmen, 1677 anzuenemmen, 1688 anzunemmen, 1717 nemmen.

§ 30. å

1. entspricht mhd. a vor nasalem Konsonanten und zwar

a. vor einfacher Konsonanz

α vor m: åmsə F. (mhd. ameize, ahd. ameizza); — dsåm (mhd. ahd. zam); — 'åmr M. (mhd. hamer, ahd. hamar); — kåmr F. (mhd. kamer kamere, ahd. chamara); — låm „lahm, langsam" (mhd. ahd. lam-es); — nåm M. (mhd. name, ahd. namo); — råm F. (mhd. ram rame, ahd. rama); — såməd M. (mhd. samit samât, in mhd. Zeit entlehnt aus dem Roman., vgl. mlat. samîtum, it. sciamito, afrz. samit); — dazu stellen wir das Fremdwort åmèn (mhd. âmen aus dem Hebr.);

β. vor n; dabei geht auslautendes n in den vorangehenden Vokal auf: å in Zusammensetzungen, wo „an" den Ton hat (mhd. ane an) [z. B. åbendə „anbinden", åbrələ „anbrüllen", sè-ådə̄ə „sich anziehen", åcè „angeben, anzeigen", å'āə „anhaben", åšdaosə „anstossen"; ebenso rbreldmè-å „er brüllt mich an"; åfāŋ M. „Anfang", åfordrès F. „Anforderung", åwəisès F. „Anweisung" etc.]; auch in Verbindungen wie åsè „an sie", idècådè „ich denke an dich" etc., sofern auf „an" der Ton liegt; — ebenso drå „daran", nå „hinan, hin", nåmaxə „an etwas hin machen", nåsməisə „hinwerfen" etc.; ånè Adv. „fort, vorwärts" (mhd. an-hin); — ånə F. „Grossmutter" (mhd. ane, ahd ana); — bå F. (mhd. bane ban); — drå M. (erst nhd., ein ndd. Wort, vgl. ndl. traan, dän. schwed. tran); — dså M. (mhd. zan zant[d], ahd. zan zand); — få M. neben fånə M. „Fahne, Rausch", in letzterer Bedeutung nur fånə (mhd. vane van); — kå 1. u. 3. Pers. Sing. Präs. Ind. (mhd. kan kan von kunnen) [auch 2. Pers. kåšd, mhd. kanst]; — månə (mhd. manen, ahd. manôn manên); — šwå M. „Schwan als Vogel", šwånə M. F. „Schwane als Wirtshaus" (mhd. swane swan M., ahd. swan M. swana F.); — hiezu die Fremdwörter dekån M. (mhd. ahd. tëchân, aus lat. decânus, mhd. auch dëchent tëchant); — ulå M. „Uhlan"; — ausnahmsweise steht å vor nn in må M. „Mann" (im Anschluss an den mhd. Nom. man, Gen. mannes); ferner im Auslaute in må (auch måšd) må Sing. Präs. Ind. (mhd.

mac, maht mahst, mac von Inf. mügen mugen) [Pl. Präs. Ind. mécė (mėgəd) etc.]; sowie vor s in nås F. (mhd. nase, ahd. nasa);

b. vor Nasal + Kons., sofern der erstere in den vorausgehenden Vokal aufgelöst wird; dies ist der Fall vor mp: åbl F. (mhd. ampel ampulle, ahd. ampulla aus lat. ampulla „Fläschchen, Gefäss"); — dåbf M. (mhd. dampf tampf); — gråbf M. (mhd. ahd. krampf); — vor nd: 'åd F. (mhd. hant[d], ahd. hant); — såd M. (mhd. sant-des, ahd. sant-tes); — ᵘåd F. (mhd. want[d], ahd. want); — vor nc nk: båg M. (mhd. banc M. F., ahd. banch M. F.); — gråg (mhd. kranc[k]) [dazu grågəd F. „Krankheit"]; — cådåg M. (mhd. gestanc); — maulfråg M. „vorlauter, nasenweiser Mensch, auch stolzer Mensch, der andere nicht grüssen mag, sogar maulfauler Mensch" (Franke sonst Schimpfwort für einen Thoren und Prahler, da man den Franken nachsagt, dass sie das Maul zu voll nehmen); — šråg M. (mhd. schranc[k]); — vor nt: ådrėχd M. (mhd. antreche, ahd. antrahho); — kåd F. (mhd. kante, Nebenf. von kanne, ahd. channa) [dazu šbrėdskåd F. „Giesskanne", milχkåd F. „Milchkanne"]; — mådl M. (mhd. mantel mandel, ahd. mantal mandal); — vor ns: gås F. (mhd. ahd. gans) [ebenso gåsgr M. (mhd. ganzer neben ganze ganze)]; — vor nst in kåsd 2. Pers. Sing Präs. Ind. (mhd. kanst); — vor nz: šᵘåds M. (mhd. swanz);

2. Schreibweise. 1593 Hilfshanndt, 1596 angehalden, 1602 anzeigen, 1607 krankhait, 1616 Dochterman, 1621 khann, 1684 Anclagte, 1685 Ahnenguet, 1763 von seiner Ahna erhalten.

§ 31. ã entspricht

1. mhd. a vor nasalem Konsonanten und zwar

a. ausnahmsweise vor einfachem m oder n in den Eigennamen und Fremdwörtern: ã'mālė F. N. „Amalie"; — dã'nėl M. „Daniel"; — kã'nabė N. „Bank mit Lehne" (im 18. Jh. aus frz. canapé aufgenommen); — šbãniə N. „Spanien", šbãniš „spanisch";

b. vor Geminata: vor mm: ãmd N. (mhd. ammet, älter ambet, ahd. ambaht ambahti); — 'ãml M. (mhd. hammel, Nebenf. von hamel, ahd. hamal, eigtl. substant. Adj. ahd. hamal „verstümmelt"); — kãm M. (mhd. kam[mm] kamp[b], ahd. chamb); — rãmlə „sich herumwälzen, raufen" (mhd. rammeln, ahd. rammalôn „sich begatten" zu ram „Widder") [dazu rãmlr M. „raufboldiger Junge"]; — rãmsnås F. „grosse lange Nase" (von mhd. ram-nnes, ahd. ram rammo „Widder"; die M. sagt für rãmsnås auch šōfnås); — sãmlə (mhd. sammeln, Nebenf. von samelen, eigtl. samenen, ahd. samanôn) [dazu sãmlėx F. „Sammlung", frsãmlə „versammeln", frsãmlėx F. „Versammlung"]; — šdãm M. (mhd. ahd. stam[mm]); — ᵘãməs N. „Wams, Kittel, Juppe" [mb assimiliert zu mm] (mhd. wambeis wambes „Bekleidung des Rumpfes unter dem Panzer", roman. Lehnwort, vgl. afrz. gambais); — vor nn: ãnə „anno" — bfãn F. (mhd. pfanne, ahd. pfanna); — dãn F. (mhd. tanne, ahd. tanna); — 'ãnəs, neben iō'ãnəs M. „Johannes"; ebenso šėndr'ãnəs M. „roher, schlechter Mensch"; — 'ãniel M. „Hannickel, Räuber, der in der Gegend von Reutlingen hauste"; — 'ãnōndãn, neben 'ėnōndėn „hüben und drüben" (s. bei ė); — mãnə M. Pl. „Männer" (mhd. mannen manne neben man); — šbãnə (mhd. spannen, ahd. spannan); — ᵘãn F. „Gefäss aus Weiden oder Blech zum Einschöpfen und Tragen von Frucht und Mehl" (mhd. wanne, ahd. wanna); — hiezu stellen wir mãnənərgə „morgen frühe";

c. vor Nasal + Kons.: vor mp: bãmbə „scheissen", in der Kindersprache (zu pamps pams, bayr. österr. pampf „dicke pappige Masse"; im Leipz. Dial. bamben = schmausen); —

drāmblə „schwerfällig gehen“ (mhd. trampeln); — lāmb F. (mhd. lampe, nach frz lampe); — sāmšdiχ M. (mhd. sampstac samztac, ahd. sambaztac); — šlāmb F. „Weibsperson, die unordentlich in ihrer Kleidung ist“ (zu mhd. slampen „schlaff herabhangen“); — vor mpf: māmbfə „mit vollen Backen essen“ (sonst mumpfen, Zusammenziehung aus Mund voll); — šdāmbfə (mhd stampfen, ahd. stampfôn); — sourāmbf F. (mhd. ampfer, ahd. ampfaro); — vor ms: āmsl F. (mhd. amsel, ahd. amsala); — 'āmšdr M. „Hamster, Vielfrass“ (mhd. hamster, ahd. hamastro, letzteres nur in der Bedeut. „Kornwurm“); — vor nch: mānχ in mānχr mānχə mānχs, Pl. mānχē (mhd. syncop. manch manc aus manec[g], ahd. manag) [ebenso mānχmɔl „manches mal“]; — vor nd: ānd Adv. in šduədmərānd „ich empfinde Sehnsucht nach“ (mhd. ande ant „schmerzlich, übel zu Mute“); — āndr Adj. (mhd. ander, ahd. andar) [ebenso āndrəšd (mhd. anderes anderst, ahd. anderes anderêst)]; — bānd N. (mhd. bant[d], ahd. bant); — brānd M. „Feuersbrunst, Rausch“ (mhd. brant[d] ahd. brant); — dsugrkā'ndl M. (erst nhd. aus dem Frz. sucre candis, it. zucchero candito von arab. qand); — cšdāndə Part. von stehen und gestehen (mhd. gestanden von stân stên standen resp. gestân gestên) [ebenso 1. Pers. Sing. Präs. Ind., sowie Sing. Imp. šdānd (mhd. stande neben stân, resp. stant neben stâ), ferner bšdāndə „bestanden“, fršdāndə „verstanden“]; — 'āndlə (mhd. handeln, ahd. hantalôn) [ebenso 'āndl M. „Kauf, Tausch“]; — lānd N. „Gartenland“ (mhd. lant[d], ahd. lant); — lānd(ə)rə, rəmlānd(ə)rə „auf der Strasse herumlungern, herumstreichen“ (zu mhd. lendern „langsam gehen, schlendern“); — māndl M. (mhd. mandel, ahd. mandala, aus it. mandola); — šānd F. (mhd. schande, ahd. scanta); — šdānd M. „Kaufbude, Lage, Zustand“ (mhd. stant-des); — šdand F. z. B. in grəudšdānd F. (mhd. stande „Stellfass, Kufe“); — šrānd F. „Bank ohne Lehne“ (mhd. schrande, Nebenf. von schranne) [Fruchtschranne = frūxdšrān F.]; — vor nf: 'ānf neben 'āmf M. (mhd. hanf hanef, ahd. hanaf hanof); — regelmässig vor ng: āŋl F. (mhd. angel, ahd angul) [dazu āŋlə „angeln“]; — āŋšd F. (mhd. angest, ahd. angust); — dsāŋ F. (mhd. zange, ahd. zanga) [dazu bəisdsāŋ F. „Beisszange“]; — fāŋə (mhd. vâhen vân, ahd. fâhan; fang ist eigt. nur im Part. und Prät. berechtigt, drang aber nhd. auch in's Präs.) [ebenso fāŋ M. „gut Heirat“; fāŋədē F. „Geschenk zum Geburtstag, zur Konfirmation“ etc.]; — gāŋ M. (mhd. ganc[g], ahd. gang) [ebenso gāŋ 1. Pers. Sing. Präs. Ind. (mhd. gang Nebenf. von gân), ferner Präs. Konj. gāŋ, gāŋešd etc., sowie Sing. Imp. gāŋ! endlich Part. gāŋə]; — csāŋ M. (mhd. gesanc-ges); — 'āŋə (mhd. Part. gehangen von hâhen, ahd. hâhan; im Nhd. wie im Ndl. Engl. mischt sich das alte starke Zeitwort vielfach mit dem zugehörigen schwachen, wodurch die trans. Bedeut. sich mit der intrans. verbindet; in der M. trans. 'ēgə, intrans. 'āŋə, z. B. i'ēc-māēn'uədnā „ich hänge meinen Hut auf“, dagegen dāē'uəfāŋəd „dein Hut hängt“); — māŋ F. (mhd. mange); — rāŋnə neben rēcnə (mhd. rengen rengnen, Nebenf. von regenen); — šbāŋ F. (mhd. spange, ahd. spanga); — šdāŋ F. (mhd. stange, ahd stanga); — šlāŋ F. (mhd slange M. F., ahd. slango M.); — vor nk: daŋg M. (mhd. ahd. danc); — cedāŋg M. (mhd. gedanc[k], ahd. gedank); — vor nt: āndvord, älter āndwurd F. (mhd. antwurt, ahd. antwurti); — dāndə F. (erst nhd. nach frz. tante); — ēndrəsānd Adj. (frz. intéressant); — elefānd M. (mhd. helfant, elefant; im Mittelalter wurden dem Elfenbein Heilkräfte zugeschrieben); — fānd in šbarəfāndl M. „halbverrückter Mensch“ (ndd. Form, vgl. ndl. vent „Narr“ für mhd. vanz „Schalk“ s. h. āləfāns); — frəānd (spät mhd. selten verwant, Part. zu verwenden, man gebrauchte dafür meist sippe); — gānd M. (mhd. gant F., aus prov. l'encant, afrz. l'encan, woher engl. cant „Auktion“ [dazu frgāndə „verganten“]; — grāmāndəs Pl. „unnötige Umstände“ (zu Nekromantie); — 'āndwərg N. (mhd. hantwerc „Handarbeit“, womit sich in mhd. Zeit antwerc „Werkzeug“ vermischt); — ǩãnd F. (erst nhd., aus dem ndd. kante „Rand, Ecke“); — das Fremdwort musiǩãnd M. „Musikant“; — vor nz: bfl̃ãns F. (mhd pflanze, ahd. pflanza); — dãns M. (mhd. tanz) [dazu dãnsr M. „Kreisel“ (mhd. tanzer tenzer „Tänzer“)]; — fãns in ålǝfãns M. „stolzer Mensch, auch Stolz“ (mhd. ale-vanz „aus der Fremde gekommener Schalk“), sowie firlefãns M. „wertloser Zierrat, auch Schwindler“ (erstes Komp.-Glied dunkel, etwa zu angls. fyrlen „fremd“, zweites mhd. vanz „Schalk“); — frãns F. (mhd. franze); — frãns M. „Franz“; — gãns Adj., Adv. (mhd. ahd. ganz); — clãns M. (mhd. glanz, ahd. Adj. glanz „glänzend“, Subst. fehlt im Ahd.); — grãns M. (mhd., spät ahd. kranz); — ǩãnsl F. (mhd. kanzel, ahd. cancella chanzella aus mlat. cancellus cancelli); — ǩurãnsǝ „herumscheuchen, quälen“ (im 17. Jh. auftauchend, zu mlat carentia „Bussübung mit Fasten“); — mãns M. „Stolz“, sowie mãnsic „stolz“ (zu manzen, das vielfach mit ranzen vorkommt, s. Schmeller, B. W. 1, 1632); — ʷãns F. (mhd. wanze, erst seit 13. Jh, früher mhd. ahd. wantlûs).

2. ausnahmsweise mhd. ei (ê) in dsʷãndse (mhd. zweinzêc zwênzic, ahd. zweinzug).

3. ã kommt in unbetonter Silbe vor und zwar

a. vor der Tonsilbe: in unbetontem „an“ z. B. ã(n)aiχ „an euch“, ã-ǝẽm „an einem“, ãnǝnãndr „an einander“ etc., ebenso ãm „am“, z. B. ãmgårdǝ „am Garten“; ferner in den Fremdwörtern: ãmêriǩâ N. „Amerika“; — ãndifê M. (erst früh nhd., nach mlat.-roman. endivia. lat. intibus); — blãnî F. „Wandelgang unter Bäumen“ (zu mhd. plân M. plâne plânie plânje F. „Ebene“. aus mfrz. plâne, frz. plaine); — bãndofl M. (erst früh nhd., aus it. pantofola); — dãnisdr M. [vgl. mãnǝmorgǝ, ǩãndidr] „Tornister“ (s. b. i); — flãnel M. (aus frz. flanelle, afrz. flaine); — grãnâd F. (lat.); — ǩãmê N. (mhd. kámîn, die nhd. Accentuation beruht auf neuer Anlehnung an lat. caminus); — ǩãmêl N. „Kamel, dummer Mensch“ (aus lat. camêlus, im Mhd. herrscht kemmel); — ǩãmrâd M. (aus frz. camarade); — ǩãnô F. (frz. canon, lat. canna); — ǩãmisôl N. „Hinterteil“ in ǝẽmǩãmisôlfr'aoǝ „einem das Hinterteil durchhauen“ (bloss nhd., nach frz. camisole); — ǩãndidr M. „Konditor“ (vom lat. condire); — mãŋnêd M. (mhd. magnete magnet); — tesdãmênd N. (mhd. têstamênt, lat. testamentum);

b. nach der Tonsilbe in ênfãndrî F. (frz. infanterie).

4. Schreibweise 1567 anderst, 1570 sampt, 1592 es ist vil verschlamppamppet worden, 1592 Mezgerhandtwerkh. 1593 Ampt, gehorsamb. Anntwurth, sampt, 1594 Papeiermacherhandtwerkh, 1598 sampt vnd annders, 1598 ann zu höre, 1598 anngefochte, 1600 sampt, 1602 Handwerrkh, Antwurt, gantz, on wan ein stirbt, 1605 gantz, 1615 sampt, 1616 Handtwerkh, Sambstags, 1631 Ambt 1650 bedankhen, 1665 sambt, 1673 Ehrsamb, 1676 Ambtsburgermeister, 1685 sampt, Danckh, 1685 anderst, 1688 Ehrsamb, gehorsamblich, 1710 Ampt, 1750 von Ambsweg, 1763 Pfann, 1767 Sambstag.

§ 32. ǒ entspricht

1. mhd. o und zwar

vor einfachem n, das im Auslaute in den nasalierten Vokal aufgelöst wird: dǒrǝdiχ M. (mhd. donerstac dunrestac, ahd. donares-tag); — fǒ „betontes von“ (mhd. von vone, ahd. fona) z. B. fǒnm „von ihm“, drfǒ „davon“ [unbetont wird „von“ zu fǝ̃, z. B. fǝ̃raidlexǝ „von Reutlingen“]; — gʷǒnǝd F. (mhd. gewone gewan, ahd. giwona) [ebenso gʷǒnǝd Adj. (mhd. gewon, ahd. giwon), darnach gʷǒnǝ, wofür mhd. gewenen, ahd. giwennan]; — ʰǒniχ M. (mhd. honec-ges, ahd. honag honang N.); — ʷǒnǝ (mhd. wonen, ahd. wonên) [Präs. Ind. ʷǒ ʷǒšd ʷǒd, ʷǒnǝ (ʷǒnǝd) etc., Präs. Konj ʷǒ ʷǒnešd ʷǒ, ʷǒnǝ etc.; ebenso ʷǒnǝx F. „Wohnung“ ʷǒʰaus N. „Wohnhaus", nǒšdúb F. „Wohnstube"]; — dazu wegen Wegfalls des r nǒ „nur": auch „noch" wird häufig zu nǒ neben nô; sowie die Fremdwörter: ɶšdrmadsiǒ F. „Achtung" (frz. estimation aus lat. æstimare); — badaliǒ N. (frz. bataillon); — balǒ F., seltener M. (frz. ballon, das von deutschem ball); — blusǒnr M. „Spottname für Weingärtner", eigentl. Blusenträger (von frz. blouse „Fuhrmannskittel"); — dragǒnr M. (ursprünglich Fussoldat, der sich des Pferdes nur zum schnellen Fortkommen bediente, frz. dragon, it. dragone, ohne Zweifel findet Beziehung zu Dracho statt); — dsidrǒ F. (erst nhd., aus frz. citron); — fasǒ F. „Form" (aus frz. façon, lat. factio); — fisədadsiǒ F. „Prüfung" (zu lat. visitare); — kānǒ F. „Kanone, auch Güllenfass" (frz. canon, it. cannone „grosse Röhre", vergrösserud zu canna) [dazu kānónəšdifl M. „hohe und weite Rohrstiefel"]; — kōnfrmadsiǒ F. (lat.); — þordsiǒ F. „Speiseportion, auch Tracht Prügel" (im 17. Jh. entlehnt aus frz. portion); — hiezu stellen wir budrǒ, neuer þadrǒ M. (mhd. patrôn patrône, aus lat. patronus; ebenso badrǒ F. (erst im 16. Jh. aus frz. patron, von mlat. patronus „Exemplar, Vorbild"); — in unbetonter Silbe in bošdiliǒ M. (im 16. Jh. entlehnt aus it. postiglione, frz postillon); — lōndǒn N. „London";

2. mhd. u und zwar vor einfachem n: ǐōnė M. (lat. junius, in der M. noch das deutsche brǒxəd M.); — ōrš(d)liχ, älter ā̃ō(r)š(d)liχ N. (mhd. unslit unslet, inslit inslet, auch unslicht unslecht); — sǒ M. (mhd. ahd. sun);

3. mhd. â vor einfachem m: grīəšbǒ M. (spät mhd. grüenspân, nach mlat. viride Hispanum); — grǒm M. „Kram, Haufen von verschiedenen Dingen" (mhd. krâm, eigentl. Zeltdecke) [dazu grómə ā̃ėgrómə „kaufen, einkaufen", frgrǒmə „sein Geld ausgeben"]; — ǐōmr M. (mhd. jâmer, ahd. jâmar M. N.) [dazu ǐōm(ə)rə „jammern"]; — mǒ M. (mhd. mâne, ahd. mâno) [dazu mǒfīχ N., módibl M. „Mondkalb, dummer Mensch", sowie mǒnė M. „Dickkopf", ferner mǒnəd M. (mhd. mânôt(d), ahd. mânôd)]; — šbǒ M. (mhd. ahd. spân); — sǒm M. (mhd. sâme, ahd. sâmo);

4. mhd. ô vor einfachem n; dabei wird auslautendes n wieder in den nasalierten Vokal aufgelöst: bǒ F. (mhd. bône, ahd. bôna) [dazu bǒnəfads F. „Bohnenzaser", bǒnəq'ernboux M. „Spottname für Weingärtner", bǒnəbəis N. „Kelterstübchen, in dem die Weingärtner ihr Vesperbrot nehmen", das Wort erklärt sich aus dem vorhergehenden: kidsəbǒ F. „kleine Schlosse"; ferner bǒnə „Geld verschwenden", vgl. Philand. 2, 260: dann es ja übel gesparet, wo man an seinem Leibe karget und hernach muss in den Seckel bohnen; ohne Zweifel vom Spielen der Kinder mit Bohnen]; — drǒ M. (mhd. trôn, aus frz. trône, oder mit Dehnung des Vokals in offener Silbe aus lat.-gr. thronus); — grǒ F. „Krone", als Wirtshaus grǒnə (mhd. krône krôn, ahd. corôna aus lat. corôna); — 'ǒnə „Honau", Ortsn. (aus höh. alt Hohenouua, württ. Urkb. I. 209); — lǒ M. (mhd. ahd. lôn) [dazu lǒnə „lohnen"]; — šǒnə (früh mhd. schônen);

5. mhd. ou vor m: bǒm M. (mhd. ahd. boum); — drǒm M. (mhd. ahd. troum) [dazu drǒmə „träumen"]; — dsǒm M. (mhd. ahd. zoum) [dazu ā̃ėdsǒmə „einzäunen"]; — rǒ M. (mhd. roum; das nhd. â ist dialektisch); — sǒm M. (mhd. ahd. soum) [dazu sǒmə „einen Saum machen"].

6. Schreibweise. 1592 gewonet „gewohnt", 1602 non aber hat sich der Schalk erzaigt, 1724 verthonisch Leben „verschwenderisches Leben", 1763 catton Kittel.

§ 33. ō entspricht

1. mhd. o

a. ausnahmsweise vor einfachem m oder n: dōnr M. (mhd. doner, ahd. donar) [dazu dōnərə neben durnə „donnern"]; — gnōmə Part. (mhd. genomen genumen von nëmen); —

kǒmɔ (mhd. komen ahd. chuëman); — lǒn F. „Zapfen, der das Rad in der Achse hält" (mhd. lon lun lan); — dazu das Fremdwort bǒnilō N. „kleines Pferd, auch Glas ¼ Liter haltend" z. B. əbǒnilebiər „ein Gläschen Bier" (von engl. pony, dazu puny „jung, klein, schwach, zart", von frz. puîné [puis-né] „nachgeboren");

b. vor mm in bǒmr M. „Rausch" (vom Eigenn. Pommer = von Pommern) [ebenso bǒmrlè N. „Hündchen, dickes Kind" (canis pommeranus „aus Pommern stammender Spitzhund")]; — hiezu stellen wir nǒmɔl „nochmals" (zu mhd. noch, ahd. noh) [sonst noch meist nō, auch nǒ, z. B. nǒəmɔl „noch einmal"];

c. vor nd: dǒndrwədr N. (zu mhd. tonder dunder, Nebenf. von doner toner); — fagəbǒnd M. (von frz. vagabond, aus spätlat. Adj. vagabundus); — lǒndəs M. „aufgerolltes Taschentuch mit Knopf, das bei einem Knabenspiele durch die gespreizten Beine eines der Mitspielenden geworfen wird" (mit lündisch „aus London stammend" zusammenhängend, ursprünglich in Verbindung mit Tuch den Stoff bezeichnend, der von London versandt wurde, später hiess das Tuch, besonders rotes Tuch, kurzweg lündisch, von Lunden) [dazu lǒndis N. „Spiel mit dem lǒndəs", lǒndəsɔ „mit dem lǒndəs spielen"; — London = lǒn'dǒn];

2. mhd. u und zwar

a. ausnahmsweise vor einfachem m oder n: frǒm (mhd. vrum-er, zu ahd. F. fruma); — gugǒmr F. (lat. cucumer, cucumis) [Gurke ist der M. fremd]; — nǒ! „nun!" Ungeduld und Unwillen ausdrückend (mhd. nun nuon für mhd. ahd. nu); — sǒmr M. (mhd. sumer, ahd. sumar);

b. vor Geminata: vor mm: bǒmərɔ „krachen, schmettern, grosses Getöse verursachen, namentlich von Geschützen" (zu mhd. bumhart „dumpftönendes Saiten- oder Blasinstrument, Schalmei, Geschütz", von mlat. und it. bombarda); — brǒmɔ (mhd. brummen, Abkömmling des st. V. brimmen „brummen, brüllen"); — dǒm (mhd. tum-mmes, tump-bes, mm aus mb); — drǒml F. (stât mhd. trumbel trumel, wofür klassisch-mhd. trumbe trumme trume „Trompete, Posaune, Trommel") [dazu drǒmlɔ „trommeln"]; — grǒm (mhd. krump(b), ahd. chrumb; mb wurde zu mm assimiliert); — gǒmi M. „klebrige Flüssigkeit, auch Radiergummi" (lat. gummi); — 'ǒmələr in brǒm'ǒmələr M. (mhd. hummel humbel, ahd. humbal); — kǒməd N. (mhd. kumınet kommat neben komat, aus dem Slav.); — lǒml F. „lahme Messerklinge" (von veraltetem Adj. lum) [dazu lǒməliχ Adj. „schlaff, welk, träge"]; — mǒml M. „Saugflasche" (zu mummeln und mämmeln, „ein wenig trinken, im Trinken läppern") [dazu mǒmlɔ „Speisen im Munde herumschieben ohne sie zu schlucken, dann von zahnlosen Leuten = kauen" (vgl. ndd. mummeln „kauen ohne Zähne")]; — nǒmr F. (nach engl. number, frz. nombre, it. numero [d. h. Ablat. des lat. numerus]) [kǒənǒmr = wertlos]; — ǒm (mhd. umbe ümbe, ahd. umbi), [dagegen ėmfĩėfɔ, ėmseesɔ „um 5, um 6 Uhr"] [ebenso in Zusammens. wie ǒmkaerɔ „umkehren", ǒmkaer F. „Umkehr" etc.; rǒm „herum", auch rǒmdrēɔ „herumdrehen" etc.; dɔ'rǒm „darum"; nǒm „hinum, hinüber", ebenso nǒmšnabɔ „hinüberschnappen", nǒmfārɔ „hinüberfahren" etc.; ǒmė „hinum, hinüber" z. B. gāŋǒmė „gehe hinüber"; ǒmr „herum" z. B. gugǒmr „schau herum"; gāŋǒmr „geh herum"]; — šǒmr M. „geldgieriger Mensch, Nimmersatt", šǒmiχ Adj. „geldgierig, habsüchtig" (mit schammer schomer der Gaunersprache angehörend, zu hebr. schâmar „hüten", s. Avé-Lallemant, das deutsche Gaunertum IV. 596); — sǒm F. (frz. somme, it. somma, aus lat. summa); — sǒmɔ (spät mhd. summen, onomatopoiet. Bildung) [dazu gsǒms N. „Gesumme"]; — vor nn: brǒnɔ M. (mhd. brunne, ahd. brunno) [dazu brǒnsɔ (mhd. brunzen aus brunnezen, Intens. zu brunnen „hervorquellen, pissen")]; — gǒnɔ, auch gǒndɔ (mhd. gunnen, ahd. giunnan); — ǒnɔ (schon mhd. assimiliert unnen für unden) [dazu dõnə „drunten“, ʻõnə „da unten“, õnədõnə „unten drunten“]; — sõn F. (mhd. sunne, ahd. sunna) [dazu sõndix M. (mhd. sunnen-tac suntac, ahd. sunnûn-tag)];

c. vor Nasal + anderweitigem Konsonanten: vor mp: bõmb F. „Sangpumpe“ (erst nhd., eigentl. ndd. Wort, vgl. ndl. pomp, engl. pump, aus frz. pompe, das mit dem lautmalenden lat. bombus „Gesumse, Geräusch“ zusammenhängt; vgl. auch mhd. pumpen „durch Klopfen einen dumpfen Schall erzeugen“) [dazu bõmbə „Wasser pumpen, auch auf Borg geben oder nehmen“, åbombə „Geld entlehnen“]; — bõmbl F. „dicke Weibsperson, grosse Kartoffel“ (vgl. ndd. pumpel „Stössel im Mörser“) [hiezu bõmp'ās F. „weite Kniehosen der Kinder, die unmittelbar unter den Knieen zugeschnürt werden“]; — clõmbə M. „Klumpen, Kloss, Pl. auch Milchklumpen“ (erst nhd., aus ndd. klump, ndl. klomp); — gõmbə M. „Teich“ (mhd. gumpe „Wasserwirbel“); — lõmb M. „Lappen, lüderlicher Mann“ (spät mhd. lumpe, aus dem Ndd., vgl. ndl. lomp) [dazu clõmb N. „schlechtes Zeug, schlechte Arbeit“; lõmbədiər N. „verächtliche Weibsperson“; lõmbədõŋgr M. „Spottname für Färber“; lõmbəcsèndl, lõmbəkôr N. „Gesindel“; lõmbəmènš N. „schlechte Weibsperson“]; — rõmb M. in rõmbõndšdõmb „gänzlich“ (ndd. Form für hd. Rumpf, Stumpf, ndd. rump, ndl. romp, engl. rump, dafür mhd. rumph, stumpf); — rõmblə (mhd. rumpeln) [dazu grõmbl N. „Gepolter, Lärm“]; — vor mpf: bflõmbfə (mhd. pflumpfen „mit dumpfem Schall fallen“) [dazu nåbflõmbfə „hinfallen“, nåbflõmbfə „hinabfallen“]; — drõmbf M. (erst nhd., aus frz. triomphe, lat. triumphus) [drõmbfeē „Wahrheit sagen“]; — kõmbf M. „Behälter des Wetzsteins“ (mhd. kumpf „Gefäss“, germ. Wort, vgl. ndd. kump, angs. cumb „Getreidemass“, engl. coomb „Kornmass“) [dazu kõmbfnås N. „breite Nase“]; — šdrõmbf M. (mhd. strumpf „Stummel, Stumpf“, nhd. Bedeutung aus Hosenstrumpf); — sõmbf M. (mhd. sumpf, dafür ahd. sunft) [dazu sõmbfix „sumpfig“]; — šrõmbfə (zu mhd. schrimpfen „runzeln“); — vor nd: bfõnd N. (mhd. pfunt-des, ahd. pfunt); — blõnd (mhd. bluntd), wohl aus frz. blond, it. biondo, mlat. blundus); — blõndr M. (spät mhd. plunder blunder „Hausgeräte, Kleider, Wäsche“, wozu plündern); — bõnd „von Farben, auch zu arg, zu übertrieben“ (mhd. bunt(d)); — dsõndl M. (mhd. zundel zündel, ahd. zuntil neben Formen mit r); — cfõndə Part. (mhd. vunden gevunden vonden von vinden); — grõnd M. (mhd. grunt(d), ahd. grunt); — cšõndə Part. (von mhd. schinden); — csõnd (mhd. gesunt(d), ahd. gisunt); — ʻõnd M. (mhd. hunt(d), ahd. hunt); — kõnd M. „Geschäftsfreund“, mit šènr = schlechter Zähler (mhd. kunde „der bekannt, einheimisch ist“); — lõndə M. (erst nhd., entsprechend ndl. lonte, engl. lunt, zu mhd. lünden „brennen“); — õnd (mhd. unde unt, ahd. unta unti); — rõnd (mhd. runt-des, aus frz. rond, lat. rotundus); — šdõnd F. (mhd. stunde, ahd. stunta); — šõnd M. „schlechtes, wertloses Zeug“ (erst nhd., junge Bildung zu schinden); — šrõnd F. (mhd. schrunde „Riss in der Haut“); — sekõnd F. (von frz. seconde); — sõnd(ə)rə (mhd. sundern, ahd. suntarôn) [hiezu åsõnd(ə)rə „absondern“, sõndrlix „wunderlich“, bsõndrs „besonders“]; — ᵘõnd F. (mhd. wunde, ahd. wunta) [ebenso ᵘõnd Adj. (mhd. wunt(d), ahd. wunt)]; — ᵘõndr N. (mhd. wunder, ahd. wuntar); — vor nft: dsõnfd F. (mhd. zunft zumft, ahd. zumft); — kõnfd in ouskõnfd F. „Aufschluss, Auskommen“ (zu mhd. ahd. kunft kumft); — vor ng: dõŋ M. (mhd. tunge) [dazu dõŋə „düngen“]; — dsõŋ F. (mhd. zunge, ahd. zunga); — cšbrõŋə Part. (von mhd. springen); — csõŋə Part. (von mhd. singen); — ʻõŋr M. (mhd. hunger, ahd. hungar) [dazu ʻõŋ(ə)rə „hungern“, ʻõŋ(ə)rix „hungrig“]; — iõŋ (mhd. junc(g), ahd. jung); — lõŋ F. (mhd. lunge, ahd. lungun); — šbrõŋ M. (mhd. ahd. sprung); — vor nk: dõŋgə (mhd. tunken dunken); — dõŋcl (mhd. tunkel, ahd. tunchal); — drõŋg M. (mhd. trunc-kes, ahd. trunc); — drõŋgə Part. (mhd. getrunken von trinken); — fõŋg M. (mhd. vunke, ahd. funcho) [dazu fõŋclə „funkeln“, fõŋclnåclnui „funkelnagelneu“]; — cšdõŋgə Part. (mhd. gestunken von stinken) [fršdõŋgə, vom Fleisch, von Häuten etc.; frɔ̃dɔ̃ŋgənɔ̃nfrlögə „gänzlich erlogen“]; — gsɔ̃ŋgə Part. (mhd. gesunken von sinken); — gwɔ̃ŋgə Part. (mhd. gewunken von winken); — kɔ̃ŋel F. „Spinnrocken, auch Büschel Trauben an einem kurzen Pfahle“ (mhd. kunkel, ahd. chunchula; ein schwäb. alem. rhein. Wort, sonst Rocken); — bɔ̃ŋd M. (mhd. punkt punt M. N., von lat. punctum); — ɔ̃ŋel M. (erst nhd., aus frz. oncle); — šɔ̃ŋgə M. „Schinken, altes Buch“ (auch afries. skunka, ndl. schonk; mhd. dafür schinke, ahd. scincho scincha); — vor ns, nsch, nst: blɔ̃ns F. „Blutwurst, dicker Mensch“ (zu mhd. blunsen „aufblähen“); — kɔ̃nšd F. (mhd. ahd. kunst); — wɔ̃nš M. (mhd. wunsch, ahd. wunsc); — vor nt: ɔ̃ndr (mhd. ahd. unter under, ahd. untar) [dazu drɔ̃ndr „darunter“]; — šbɔ̃nd M. „Holzzapfen für's Spundloch“ (mhd. spunt-tes: auf lat. puncta „Stich, Loch“ beruhend); — vor nz: rɔ̃nsl F. (mhd. runzel, ahd. runzila, Dim. zu runze, runza) [dazu forɔ̃nslə „verunzeln“, rɔ̃nsəliχ „runzelig“]; — šmɔ̃nslə (Iterativ zu mhd. smutzen smotzen „den Mund zum Lachen verziehen“);

3. ausnahmsweise mhd. û vor Nasal in: bflɔ̃m F. „Pflaume, dickes Weib“ (mhd. pflûme, aus lat. prûmum, spät ahd. noch pfrûma; lat. r wird auch sonst zu l, vgl. Maulbeerbaum aus morus, Pilgrim aus peregrînus); — dɔ̃mə M. (mhd. dûme, ahd. dûmo); — rɔ̃mə (mhd. rûmen roumen, ahd. rûman rûmman) [dazu ârɔ̃mə „abräumen“, âĕrɔ̃mə „einräumen“, fərɔ̃mə „verlegen, so dass man etwas nicht leicht findet“, ufrɔ̃mə „aufräumen“, ufgrɔ̃md Adj. „gut gelaunt“]; — šɔ̃m M. (mhd. schûm, ahd. scûm) [dazu šɔ̃mə „schäumen“]; — sɔ̃mə (mhd. sûmen „zögern, aufhalten“, ahd. nur virsûmen [mhd. versûmen], wofür frsɔ̃mə „versäumen“);

4. ausnahmsweise mhd. ou in bɔ̃ŋgrd, auch bɔ̃ŋgəd M. „Baumgarten“ (mhd. boumgarte); ferner in bɔ̃ŋgədr, wɔ̃ŋgədr neben wĕxədr M. „Weingärtner“ (offenbar eine Zusammenwerfung von Baum- und Weingärtner);

5. ɔ̃ kommt in unbetonter Silbe vor und zwar

a. vor der Tonsilbe in unbetontem fɔ̃: z. B. fɔ̃dibĕxə „von Tübingen“; fɔ̃m = von dem; dsɔ̃m = zu dem: sowie folgenden Fremdwörtern: drɔ̃mbĕd F. (aus dem Roman., vgl. frz. trompette, it. trombetta; die mhd. Form war trûmet trumbet); kɔ̃mbósd M. „Schutt, Düngerhaufen“ (mhd. kumpost „Eingemachtes“, aus dem Roman., vergl. ital. composto); — kɔ̃mēdə F. „Schaubude, Karrussel, Menagerie, auch Vorstellung von Seiltänzern etc.“ (s. b. ē); — kɔ̃mód M. und Adj. „niederer Kasten mit Schubladen“, „bequem“ (frz. commode); — kɔ̃ndidr auch kăndidr M. „Konditor“ (vom lat. condire); — kɔ̃nfrmadsiô F. (von lat. confirmatio); — mɔ̃ndûr F. „Anzug für männliche Personen“ (von frz. monture „Reittier, Ausrüstung eines Schiffs, Ausrüstung eines Soldaten“);

b. nach der Tonsilbe in: brifəlĕciɔ̃m N. „Vorrecht“ (schon mhd. privilégjum privilêge aus lat. privilegium); — gĕmnâsiɔ̃m N. (gr.).

6. Schreibweise. 1581 umb, warumb, 1592 widerumben, 1592 gewonet „gewohnt“, 1593 vnnd, 1594 papstumb, Fürstenthumb, 1596 solten funden werden, 1596 darumb, 1596 Irdumbs, kunden „konnten“, 1598 vmb, sampt vnd sunders, 1599 vnderschlauff, 1600 umb, vnderthönig, vmbsonnst, vnnd, 1602 non aber hat sich der Schalck erzaigt, darumb, umb, vnd, on „und“, 1605 vmb, vnderthönig, 1605 vmb, vnd, 1605 umbgeht, 1607 widerumb, 1615 vnderthönig, vnnd, vmb, 1615 widerumben, gesundheyt, 1620 Zundelfingen „Sondelfingen“, khommen, Bapstumb, 1621 khommen, vmb, 1631 nachtrunkh, 1665 umb, 1668 zuem, verabsaumbt, 1669 vmbgetriben, 1676 underschlagen, Reichthumb, Umbstände, darumb, umb, 1677 underthönig, 1684 Hertzogthumb, 1685 fromb, 1688 vmbsonst, 1713 umb, 1720 kombt, umb, 1740 umbstände, 1763 ernstlich angetrungen.

§ 34. ɔ, ɜ.

1. Diese Laute kommen nur in unbetonter Silbe vor. ɔ steht unmittelbar vor nicht nasaler Konsonanz, ɜ in Pausastellung, sowie vor Nasalen.

ɔ (ɜ) wird gebraucht: als unbest. Art.: Nom. ɜmå ɔfrao ɔq'ènd, Gen. fɜmɜmå fɜrɔfrao fɜmɔq'ènd, Dat. èmɜmå èrɔfrao èmɔq'ènd; als Zahlwort z. B. ɜmɜl „einmal"; — in (ɔ)d Nom. u. Akk. Fem. Sing., (ɔ)s Nom. u. Akk. Neutr. Sing. des best. Art. z. B. (ɔ)dkûɜ „die Kuh", (ɔ)sq'ènd „das Kind", ɜdgurelnālɜɜ „die Gurgel hinablassen"; in (ɔ)d Pl. Nom. u. Akk. des best. Art. ɔdmānɜ neben dmānɜ, (ɔ)dfraoɜ, (ɔ)dq'èndr; — in dɔ Akk. Sing. M. des best. Art. z. B. dɜmå „den Mann"; — als Endung des Plur. der schwachen Subst.: z. B. ɔdmānɜ „die Mannen = Männer", ɔdfraoɜ, ɔdaogɜ „die Augen"; — in der Pl.-Endung ɜnɜ von folgenden schwachen Fem. [im Sing. auf ɔ = e]: bāndɜnɜ „Banden", bāsɜnɜ „Basen", bfidsɜnɜ „Pfützen", bi(r)šdɜnɜ „Bürsten", blaeɜnɜ „Blahen", dāndɜnɜ „Tanten", deeɜnɜ „Decken", dîrɜnɜ „Thüren", dogɜnɜ „Puppen", grɔidɜnɜ „Kreiden", kuxɜnɜ „Küchen", lāmbɜnɜ „Lampen", lɔixɜnɜ „Leichenbegängnisse", mîlɜnɜ „Mühlen", mišdɜnɜ „Misten", šdāndɜnɜ „Kufen", šdiɔgɜnɜ „Stiegen", šdûbɜnɜ „Stuben"; ebenso von denen, die im Sing. è = in haben: frāèndɜnɜ „Freundinnen", 'èndɜnɜ „Hündinnen"; als Endung des Dat. u. Akk. Sing. der schwach. Masc. z. B. mgsèlɜ „dem Gesellen", dɔbodɜ „den Boten" etc.; — als Endung des Dat. Sing. des Adjektivs: drgraosɔfrao „der grossen Frau", mɔuiɔnāè, mɔèrɔbās „meiner Base" etc.: — als Endung des Nom. u. Akk. der starken weibl. Form des Adj., z. B. ɔgraosɔgås „eine grosse Gans" [dagegen duigraosgås „diese grosse Gans" etc.: — in der Komp.-Endung ɔr, sofern auf dieselbe unmittelbar ein Vokal oder r — das nach einem in Teil III zu behandelnden Gesetze ausfällt — folgt [s. Regel unten], z. B. ɔdirɔrogs „ein dürrer Ochse", ɔdirɔrɔir „ein dürrer Reiher", dagegen ɔdirrmå „ein dürrer Mann" [in letzterem Ausdrucke ist das zweite r silbenbildend]; die weibliche Form endigt stets auf -ɔrɜ, die sächliche auf rs: ɔgraesɔrefrao „eine grössere Frau", ɔšènrs'ous „ein schöneres Haus"; — in mɔr unbetontem „mir", sofern unmittelbar ein Vokal folgt: r'ɔlmɔrācsaed „er hat mir abgesagt" [sonst mr, z. B. r'ɔlmreè „er hat mir gegeben"]: — in ɔr = unbetontem er vor Vokalen oder ausfallendem r: ɔrišd „er ist", ɔraoxd „er raucht" [sonst er = r: rkɜnd etc.]; — in ɔ (ɜ), vor Vokalen ɜn = unbetontem ihn: i'āɜnɔešlā „ich habe ihn geschlagen", di(r)šdsɜned „dürstet es ihn nicht"; — in ɔr = unbetontem ihr vor Vokalen: i'āɜsɔrɔufeè „ich habe es ihr aufgegeben" [dagegen: i'āɜsreè]; — in ɔs = uns Dat. u. Akk., z. B. rgɔidɔs „er giebt uns", fr'aldɔs „erhalte uns": — in ɔd, der Endung der 2. Pers. Pl. Präs. Ind., neuer auch 1. u. 3. Pers. für älteres è: rmiɔsɔd „ihr müsset", neuer mrmiɔsɔd, sèmiɔsɔd für älter miɔsè; — ebenso in ɔd, der Endung von Pl. Imp.: maxɔd! machet!; — in der 3. Pers. Sing. Präs. Ind. der schwachen Verben, deren Stamm ausgeht auf einfaches d t, sowie derer mit der Endung ten: rbādɔd „er badet", rbedɔd „er bettet", rbɔixdɔd „er beichtet"; auf g: sdāgɔd „es tagt", rgɔigɔd „er geigt" etc. [neuer in diesem Falle bisweilen ohne ɔ]; auf l: r'ôlɔd „er holt", r'ɔilɔd „er heult"; — auf m: rsômɔd „er säumt", rdīɜnɔd „er dient"; auf n: rwɜènɔd „er weint", sq'idsɔbônɔd „es hagelt"; auf r: ɔragɔrɔd „er ackert", rlɔurɔd „er lauert"; auf s: rlousɔd „er laust", 'ɔrɔisɔd „er eist" [die Verben auf -ben lassen ɔ fallen: rlôbd „er lobt", rlæɔbd „er lebt"]: — ebenso bei den meisten Verben, deren Stamm auf Geminata und Affricata ausgeht: rkɛɔd „er kratzt", rwaxɔd „er wacht", rbarfɔd „er mault", ršilɔd „er schielt" [Ausnahmen auf ll: rbreld „er brüllt", ršdeld „er stellt"], [nach mm fällt ɔ stets weg: rq'èmd „er kämmt", ršdèmd „er stimmt", ebenso nach nn: sbrènd „es brennt", rq'ènd „er kennt" mit Ausnahme von rsɜnɔd „er sonnt"], rkobɔd „er koppt", rsurɔd „er surrt"

[Ausnahmen nach rr: rderd „er dörrt", rsberd „er sperrt"]. relesəd „er sieht starr" [Ausnahme nach ss: r'asd „er hasst"], rdāmbfəd neben rdāmbfd „er raucht" [bei allen Stämmen auf pf zeigen sich beide Formen]. sblidsəd „es blitzt" [Ausnahmen nach tz: šlidsd „schlitzt", šlodsd „schlotzt", šuidsd „schwitzt", andere zeigen beide Formen]: nach sonstiger Doppelkonsonanz steht ebenfalls meist əd: rfolgəd „er folgt", r'olsəd „er holzt", rbāmbəd, ərāmdəd „er amtet", rq'ēndəd „er kündigt" rbaeləd „er haut das Eis auf", ərabsəd „er stichlt", rlāŋəd „er langt", rdāŋgəd „er dankt", rdānsəd „er tanzt", rdurnəd „er turnt", rgrūšdəd „er krustet", rsarbəd „er zerstreut gemähtes Gras" [Ausnahme nach rb: rširbd „er kehrt"], rgadsgəd „er stottert" [nach sch fällt ə aus: ruišd „er wischt" etc.], [nach Vokalen fällt ə ebenfalls aus: r'aed „er heut", rkəid „er wirft" etc.]; — ebenso hat das Part. aller dieser schwachen Verben die Endung əd: bādəd „gebadet", kobəd „gekoppt", durnəd „geturnt"; — in ə, der Endung des Part. der starken Verben: esōŋə „gesungen", drōŋgə „getrunken" etc.; — in əd, der Endung des Inf. mit zu: dsesəd „zu essen", dšraibəd „zu schreiben" etc.;

im Inlaute erhält sich ə meist, wenn unmittelbar auf dasselbe einfache Konsonanz + Vokal folgt, man sagt dsiəl „Ziegel", aber dsiəgəlai „Ziegelei"; fēədrlē „Federchen", aber fēədərə „Federn"; lifrd „liefert", aber lifərə „liefern"; nāol „Nagel", aber nēgəlē „Nelke"; nəxbr „Nachbar", aber nəxbərē; šdergr „stärker", aber šdergərē etc.; dies erklärt es auch, warum man sagt ēsl „Engel", šnābl etc., dsēləriχ „Cellerie", buəbələ „bubeln", fuədərə „füttern", bæbərə „viel schwätzen"; doch wird vom jungen Geschlecht in den Zeitwörtern auf -ern das ə häufig fallen gelassen und bæbrə, fuədrə etc. gesprochen;

abgesehen von den oben behandelten Flexionsendungen erhält sich ə in folgenden Subst.-Endungen: ə = en: dæəgə „Degen", gārdə „Garten", grædə „Korb", dibēŋə „Tübingen" etc. [für Braten brōdə wird auch brōdəs M. „Gebratenes" gebraucht]; — ə = e in ānə „Grossmutter", dodə „Patin", fānə M. „Fahne, Rausch", miχdə „Mittwoch"; — in ər = er, sofern unmittelbar ein Vokal folgt: drq'iəfərišōmə „der Küfer ist gekommen", aber dəišdrq'iəfr „da ist der Küfer" etc. [aus Toter wird daodənər]: ebenso in ərē = erin: 'aodsəidərē „Braut", səgəbraedlərē „für sich lebende Frauensperson"; — in der Endung ə = heim und au der Ortsnamen: q'irxə „Kirchheim, auch Kirchentellinsfurt", 'ōnə „Honau"; in der Endung rə = ern arn der Ländernamen baerə „Bayern", ōŋərə „Ungarn"; ausnahmsweise für -lein in fīdlə N. „Hinterteil"; — in -ədē: daefədē „Taufe", šbridsədē „Spritze" [s. b. ē]; — in əs von Eigennamen: baldəs „Balthasar", dōməs „Thomas", dōrəs „Theodor", ficəs „Viktor", 'ānəs „Hans", q'ebəs „Jakob" [dieselbe Endung haben āŋəs „Agnes", exibəs „Knirps", lōndəs „aufgerolltes Taschentuch mit Knoten, in einem Knabenspiel gebraucht", šuldəs „Schultheiss", wāməs N. „Wams"; in der Endung əd = end: dūgəd „Tugend", cēgəd „Gegend", iūgəd „Jugend" [die Endung əd zeigen noch barxəd „Barchent", dsēməd „Zimmet", fāsnəd „Fastnacht", 'ēməd „Hemd", 'ōəməd „Heimat", mōnəd „Monat", sāməd „Sammet", [im Wortinnern in aufət'ald „Aufenthalt"], sowie in wenigen auf -heit: grāgəd „Krankheit", wōrəd „Wahrheit", dagegen dōm'aed „Dummheit", faul'aed „Faulheit", csōnfaed „Gesundheit"; die auf -keit haben stets kaed, z. B. ēnliχkaed „Aehnlichkeit"]: — in der Verbalendung ə = en: falə „fallen", sēŋə „singen" etc., sowie in den Vorsilben ər und fər, sofern unmittelbar ein Vokal folgt: ərōbərə „erobern", fəraxdə „verachten", fərirə „verirren", fəribsə „übergipsen", fərādə „erraten, verraten" etc. [dagegen rbarmə „erbarmen", rcē „ergeben", frkeldə „erkälten", frdsirnə „erzürnen" etc.]; ə erhält sich in ər auch nach Vokalen und nach r in Formen wie: i-ərlaob „ich erlaube", du-ərlaobšd, ərərlaobd: — bei andern Wortarten erhält sich ə in der Endung ə = en:

əegə „eigen, wunderlich“, sibə „sieben“ Num. card. [auch sibədsc „siebenzig“], 'ɑ̈lèxə „heimlich“, fõrnə „vornen“, dsʷišə „zwischen“, 'ènə „da innen, hinten“, dr'ènə „da hinten“ [ə findet sich auch in dem Adv. 'albə „halb“]; — in əs = es nur in ɑləs „alles“ [sonst es = s, nach Zischlauten geht es ganz verloren: mãèbrəeds'ous „mein breites Haus“, dãəgraos'ous „dein grosses Haus“ etc.]: — in der Adj.-Endung əd = mhd. et und in nagəd „nackt“ [im Wortinnern əd = ent in ordəliχ „ordentlich“], in ərd = ert und mit Metathesis in -ləd = elt dobləd „doppelt“, cšnɑ̈dərəd „dürr“; — in əs = ens in freməbəs „vergebens“; — sowie in ə als Endung der Zahlwörter zur Bezeichnung der Tagesstunden: fĩèfə „5 Uhr“, aχdə „8 Uhr“ etc. [in unbetontem dar fällt ə stets aus: drbəi „dabei“, drdsûə „dazu“, dribr „darüber“ etc.].

Dass ə in unbetonter Silbe alle möglichen Vokale und Lautverbindungen ersetzen kann, wird aus folgenden meist fremden Wörten hervorgehen: ə steht nach der Tonsilbe in: æbəs „etwas“, bõŋgədr M. „Unname für Weingärtner“ [eigtl. Baumgärtner], dörədè F. „Dorothea“, dsäsəmiχ „zaserich“, ãəsəliχ (s. b. ãə), iədsəd „jetztund, jetzt“, kãnəbè N. „Bank mit Lehne“, əèmədə „irgendwo“, ùšləbærg M. „Urslaberg“, ʷõŋgədr M. „Weingärtner“; man spricht auch bərəfuəs „barfuss“, dræšəbflècl M. „Dreschflegel“;

vor der Tonsilbe in: abədèe F. „Apotheke“, abədid M. „Appetit“, afəkâd M. „Advokat“, ədələmadsiô, neben ɑ̈ʷšdrmadsiô F. „Achtung“, barəmédr M. „Barometer“, bodədäd, neben bodndäd M. „gewaltthätiger Mensch“, bolədsəi F. „Polizei“, gradəliərə „gratulieren“, grogədil N. „Krokodil“, 'èndəšefîr Adv. „verkehrt“, jãnəʷâr M. „Januar“, iberãè Adv. „quer über“ [ə fällt aus in mrəi „Marie“, mrəiq'ædrlè „Marie Katharina“], korəciərə „korrigieren“, magədsê N. „Magazin“, karəʷâdš F. „Karbatsche“, lokõmədif N. F. „Lokomotive“, ofədsiər M. „Offizier“, ogəliərə „okulieren“, parmədiel, neben parbədiel M. „Perpendikel“, radəkâl Adv. „gänzlich“, recəmènd N. „Regiment“, rešdəradsiô F. „kleine Wirtschaft“, šogəlâd M. „Schokolade“, ʷirdəbærg „Würtemberg“.

2. Schreibweise. 1567 ordenlich, 1570 welent, 1578 sie welen, 1581 Hausfrawen, 1585 ier welend, 1593 sie wöllen, verschlüessen „beschliessen“, 1598 wyllen, Herrenn, 1599 zuofridenn, 1605 vertrawen, wir wöllen, anrueffen, 1607 geholffen, verzaichnet, 1615 müessen, 1620 Segessenschmidt „Sensenschmied“, 1629 behüeten, 1668 Mühlene, 1676 fiedihrt, rupplen, daussend, 1685 müössen, Fleckhen, genüossen, 1750 kötten, 1763 Hossen „Hosen“, barchetin, Pfulben.

(Die II. Hälfte, welche das Vorkommen der Diphthongen und Konsonanten, sowie die Synthese der Dialektlaute behandeln wird, erscheint nächsten Jahr).